약속의 땅

The Gospel Project for Kids

가스펠 프로젝트

구약 **3**

약속의 땅

유치부 교사용

지은이 · LifeWay Kids / 옮긴이 · 안윤경 / 감수 · 김병훈, 이희성, 정희영

초판 발행 · 2018. 4. 5 / 2판 1쇄 발행 · 2024. 2. 8 / 등록번호 · 제1988-000080호
등록된 곳 · 서울특별시 용산구 서빙고로65길 38 / 발행처 · 사단법인 두란노서원
영업부 · 02) 2078-3352, 3452, 3752, 3781 / FAX 080-749-3705
편집부 · 02) 2078-3437
표지 디자인 · 땅콩프레스 / 활동 연구 · 김찬숙, 박청아, 유은정, 이향순, 진명선, 홍선아

책값은 뒤표지에 있습니다.
ISBN 978-89-531-4731-7 04230 / 978-89-531-4727-0(세트)

홈페이지 · gospelproject.co.kr 두란노몰 · mall.duranno.com

두란노서원은 바울 사도가 3차 전도 여행 때 에베소에서 성령 받은 제자들을 따로 세워 하나님의 말씀으로 양육하던 장소입니다.
사도행전 19장 8−20절의 정신에 따라 첫째 목회자를 돕는 사역과 평신도를 훈련시키는 사역,
둘째 세계선교™와 문서선교단행본·잡지 사역, 셋째 예수문화 및 경배와 찬양 사역, 그리고 가정·상담 사역 등을 감당하고 있습니다.
1980년 12월 22일에 창립된 두란노서원은 주님 오실 때까지 이 사역들을 계속할 것입니다.

차례 

이렇게 활용해 보세요!

단원 개요 ①

'가스펠 프로젝트(하나님의 구원 계획)'의 연대기적 큰 흐름 속에서 각 단원과 각 과의 주제를 살펴봅니다.

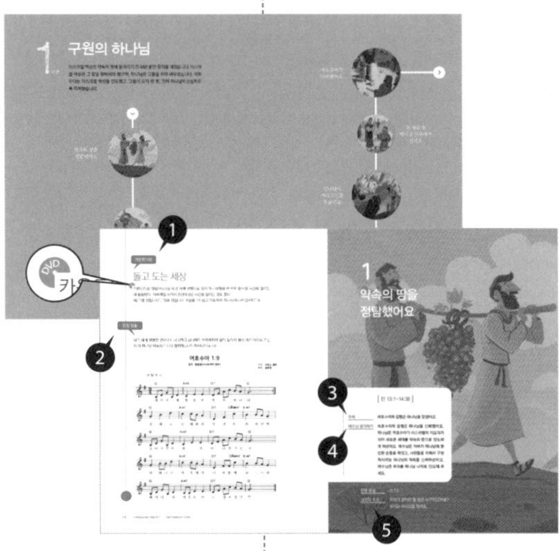

1 **카운트다운** : 단원별로 제공되는 3분 카운트다운 영상으로, 장소를 옮기거나 시간을 구분 짓는 방법으로 활용할 수 있습니다.

2 **단원 암송** : 단원의 핵심 메시지가 담긴 성경 구절입니다. 연령에 맞게 적절한 길이로 암기할 수 있도록 주요 어휘에 밑줄 표시를 해 두었습니다.

3 **주제** : 각 과의 핵심 줄거리를 파악할 수 있습니다.

4 **예수님 생각하기** : 성경 이야기에 담긴 복음을 발견하게 합니다. 모든 성경 이야기는 그리스도와 연결됩니다.

5 **성경의 초점** : 본문과 관련된 성경의 중심 주제를 문답 형식으로 정리한 문장입니다. 단원별로 제시된 성경의 초점을 익히며 성경의 흐름을 이해하게 합니다.

＊지도자용 팩의 PC 전용 DVD-Rom에 영상, 그림, 음원, 악보, PPT 등의 자료가 있습니다.

말씀 묵상 ②

말씀을 묵상하며 교육 목표를 확인하고, 기도로 준비합니다.

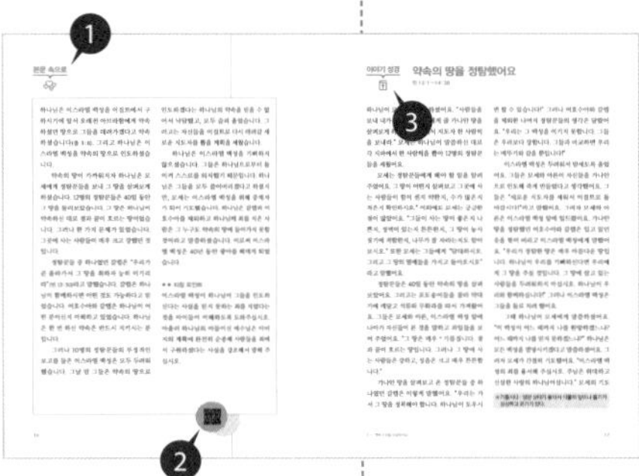

1 **본문 속으로** : 각 과를 준비하며 묵상할 내용과 티칭 포인트를 제시합니다. 청장년용 《가스펠 프로젝트》로 교사 소그룹 모임에서 더 깊은 묵상을 나누며 성경 읽기를 병행할 것을 권유합니다. 부모 소그룹 모임은 교회와 가정을 연계해 교육 효과를 더욱 높여 줄 것입니다.

2 **QR 코드** : 가스펠 프로젝트 홈페이지(gospelproject.co.kr)에서 각 과별 교사 지도 가이드 동영상을 무료로 이용할 수 있습니다.

3 **이야기 성경** : '가스펠 설교'에서 사용하는 구어체 설교입니다. 같은 내용의 영상이 지도자용 팩에 있습니다.

가스펠 준비 ③ 사전 활동을 살펴봅니다.

1. **싱글벙글 환영해요 :** 아이들을 맞이할 때 염두에 두어야 할 정보를 담았습니다.
2. **너랑 나랑 마음 열기 :** 각 과의 주제와 연결된 간단한 게임 활동을 소개합니다.

가스펠 설교 ④ 들어가기 – 성경 이야기 – 메시지와 정리 – 성경의 초점 – 복음 초청 – 기도 – 암송송에 이르는 설교 가이드입니다.

1. **들어가기 :** 도입 아이디어를 소개합니다.
2. **메시지와 정리 :** 각 과의 성경 이야기를 정리하고 연대표를 이용해 '가스펠 프로젝트(하나님의 구원 계획)'의 큰 흐름 속에서 각 과의 위치를 파악해 봅니다.
3. **복음 초청 :** 매주 복음을 전하고 영접 기도로 이끌 수 있는 초청 대화를 담았습니다.
4. **암송송 :** 단원의 핵심 메시지가 담긴 성경 구절을 쉽게 익힐 수 있도록 찬양과 손유희를 소개합니다.

가스펠 소그룹 ⑤ 말씀 놀이 – 간식 – 마무리 순서로 진행되는 소그룹 가이드입니다.

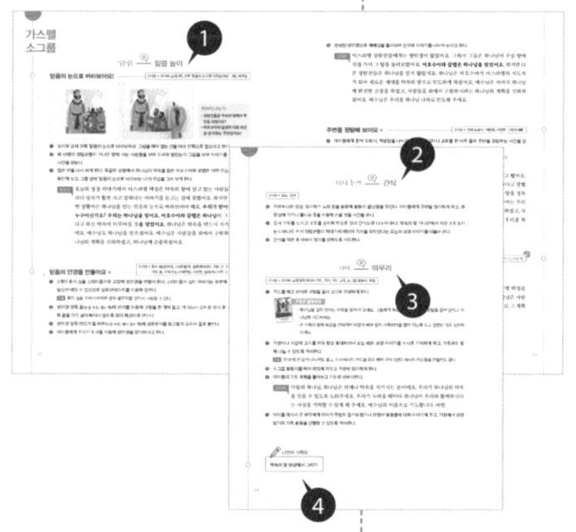

1. **알콩달콩 말씀 놀이 :** 성경 이야기에서 배운 내용들을 되새기며 즐겁게 놀이할 수 있는 다양한 활동을 소개합니다. 각 과의 첫 번째 활동에는 유치부 교재를 풍성하게 활용할 수 있는 교수 방법이 담겨 있습니다.
2. **소곤소곤 꿀~꺽 간식 :** 각 과에 어울리는 간식과 효과적인 간식 지도 방법을 소개합니다.
3. **오순도순 마무리 :** 메시지 카드(각 과의 핵심 내용과 가족과 함께하는 활동을 담은 카드)를 나누어 주고, 아이들이 활동한 자료를 파일에 정리한 후 기도로 마무리하는 과정을 안내합니다.
4. **나만의 기록장 :** 각 과를 정리하며 나 자신을 돌아보게 하는 활동입니다. 시간 여건에 맞게 활용할 수 있습니다.

발간사

이형기

두란노서원 원장

두란노서원을 통해 라이프웨이(LifeWay)의 《가스펠 프로젝트》 성경 공부 교재 시리즈를 발간할 수 있도록 인도하신 하나님께 감사드립니다. 험한 소리로 가득한 세상에 이 책을 다릿돌처럼 놓습니다. 우리 삶은 말씀을 만난 소리로 풍성해져야 합니다. 주님을 만난 기쁨의 소리, 진실 앞에서 탄식하는 소리, 죄를 씻는 울음소리, 소망을 품은 기도 소리로 가득해야 합니다.

《가스펠 프로젝트》는 신구약을 관통하는 예수 그리스도의 복음을 발견하고, 그 가르침을 삶에 적용하는 지혜를 얻도록 기획한 성경 공부 교재입니다. 어린아이부터 어른에 이르기까지 생애주기에 따른 복음 메시지를 잘 배울 수 있습니다. 또한, 거짓 진리가 미혹하는 이 시대에 건강한 신학과 바른 교리로 말씀을 조명하여 성도의 신앙이 좌로나 우로나 치우치지 않도록 돕습니다.

두란노서원은 지금까지 "오직 성경, 복음 중심, 초교파적 관점"을 바탕으로 한국 교회와 성도를 꾸준히 섬겨 왔습니다. 오직 성경의 정신에 입각해 책과 잡지를 출판해 왔으며, 성경에 근거한 복음 중심의 신학을 포기한 적이 없습니다. 그리고 교단과 교파를 초월하여 교회와 성도가 하나님 나라를 바라볼 수 있도록 돕기 위해 노력해 왔습니다. 《가스펠 프로젝트》는 두란노가 지켜 온 세 가지 가치를 충실하게 담은 책입니다.

성경은 구원을 위한 책이며, 구원사의 주인공은 예수 그리스도입니다. 창세기부터 요한계시록까지 오직 예수 그리스도의 복음만을 전하는 《가스펠 프로젝트》 성경 공부 교재를 통해 복음의 은혜와 진리를 깊이 경험하고, 복음 중심의 삶이 마음 판에 새겨지기를 바랍니다. 그리고 예수 그리스도 복음에 굳게 선 한 사람의 영향력이 가정과 교회와 사회에 흘러감으로써 거룩한 하나님 나라가 확산되어 가기를 소망합니다.

감수사

김병훈

합동신학대학원대학교
조직신학 교수

두란노가 출간하는 《가스펠 프로젝트》는 무엇보다도 전통적으로 교회가 풀어 온 흐름을 충실히 따라 성경을 해설하고 있습니다. 그리고 그 방향은 궁극적으로 예수 그리스도를 향해 나아가고 있습니다. 이것은 예수님이 구약과 신약의 모든 성경이 자신을 가리키고 있다고 하신 말씀에 비추어 매우 타당한 것입니다. 게다가 그리스도 중심적 해설을 무리하게 전개하지 않습니다. 각 본문에서 하나님의 구원 언약과 그것을 실현하시는 하나님을 드러내면서, 그리스도의 예표적 설명이 가능한 사건을 놓치지 않고 풀어내고 있습니다.

성경 공부 교재는 명시적으로 혹은 암시적으로 제시하는 교리적 진술이 교리 체계상 건전해야 합니다. 《가스펠 프로젝트》는 99개 조에 이르는 핵심 교리를 일목요연하게 제시하여 교리의 건전성을 확인할 수 있도록 도움을 줍니다. 《가스펠 프로젝트》의 교리는 교파를 막론하고, 예수 그리스도의 복음에 충실한 복음주의 교회들에게 환영받을 만합니다. 물론 교파마다 약간의 이견을 갖는 부분들이 있을 수 있겠지만, 각 교회에서 교재를 활용하는 데에 무리가 없을 것입니다. 《가스펠 프로젝트》의 특징은 각 과에서 학습한 내용을 핵심 교리와 연결해 주며, 그 결과 그리스도의 복음에 관련한 교리적 이해를 강화시킨다는 데에 있습니다.

끝으로 《가스펠 프로젝트》는 어떤 성경 주해서나 교리 학습서가 갖지 못하는 훌륭한 장점을 가지고 있습니다. 그것은 학습자를 하나님과 그리스도의 복음 앞으로 이끌며, 자신의 신앙과 삶을 돌아보도록 하는 적용의 적실성과 훈련의 효과입니다. 아울러 본문과 관련한 교회사적으로 또 주석적으로 중요한 신학자와 목사의 어록을 제시하고, 심화 토론을 위한 질문을 달아 주고, 선교적 안목을 열어 주는 적용 질문들을 더해 준 것은 《가스펠 프로젝트》에서 얻을 수 있는 커다란 유익입니다.

추천할 만한 마땅한 성경 공부 교재를 찾기가 쉽지 않은 현실에서 《가스펠 프로젝트》는 성경을 개괄적으로 매주 한 과씩 3년의 기간 동안 일목요연하게, 그리고 그리스도 중심적으로 공부하도록 이끌어 준다는 점에서, 한국 교회의 기초를 성경 위에 놓는 일에 커다란 공헌을 할 것으로 믿어 의심치 않습니다.

이희성

총신대학교
신학대학원
구약학 교수

"보라 날이 이를지라 내가 기근을 땅에 보내리니 양식이 없어 주림이 아니며 물이 없어 갈함이 아니요 여호와의 말씀을 듣지 못한 기갈이라"(암 8:11). 주전 8세기 아모스 선지자의 외침이 오늘 이 시대에 다시 메아리쳐 오고 있습니다. 두란노의 《가스펠 프로젝트》는 성도들이 겪고 있는 영적인 갈증과 혼란을 해소해 줄 수 있는 유익한 성경 공부 교재입니다.

첫째, 《가스펠 프로젝트》는 성경 전체 흐름과 문맥에 따라 구성되어 성경의 큰 그림을 볼 수 있도록 도와줍니다. 또 성경 각 본문의 의미를 깊이 이해할 수 있도록 해당 분야의 전문 성경 신학자들의 주석적 견해를 잘 소개하고 있습니다. 둘째, 본문 연구와 함께 관련 핵심 교리를 적절하게 소개하여 성경과 교리를 연결할 수 있습니다. 또 모든 세션에서 그리스도와의 연결점을 찾아 제시함으로써 구약 본문을 통해서도 복음을 깨달을 수 있습니다. 성경 공부 전 과정을 마치면 성도들이 복음에 대한 견고한 믿음을 가지게 될 것입니다. 셋째, 성경 공부 적용의 초점을 선교에 맞추어 성도들이 삶의 현장에서 복음의 증인으로서의 사명을 감당할 수 있게 도와줍니다. 마지막으로, 주일학교에서 장년에 이르기까지 동일한 주제와 본문으로 성경을 공부하도록 구성하였기 때문에 모든 교인이 한 말씀 안에서 한 믿음의 공동체를 이루며 성숙해 가는 영적 부흥을 경험하게 될 것입니다.

두란노의 《가스펠 프로젝트》를 통해 말씀이 갈급한 기근의 시대에 영적 해갈의 기쁨을 경험하시기 바랍니다.

정희영

총신대학교
유아교육과 교수

《가스펠 프로젝트》유치부 교재는 유아의 특성에 맞게 그림과 활동으로 구성되어 있으며, '이야기 나누기'를 통해 성경 이야기를 복습함으로써 성경에 대한 이해와 기억을 돕고 있습니다. 교사용 교재는 교사가 성경 이야기를 쉽게 설명할 수 있도록 '가스펠 준비', '가스펠 설교', '가스펠 소그룹'의 단계로 나누어 진행 방법을 소개하고 있습니다. 특별히 성경 이야기를 나누기 전에 '본문 속으로'를 통해 교사들이 아이들에게 가르쳐야 하는 성경의 내용을 이해하고 숙지하도록 중요한 부분을 설명해 주고, '티칭 포인트'에서 다시 한 번 핵심이 무엇인지 강조해 줍니다. 또한 홈페이지에서 '교사 지도 가이드' 영상을 제공하여 영상 세대 교사들이 쉽고 친근한 자료로 교사 교육의 시공간적 한계를 극복하도록 도움을 주고 있습니다.

이러한 교재의 구성은 유아의 발달 특징을 잘 고려한 것이며, 성경을 잘 모르는 교사들도 성경 이야기를 왜곡되지 않게 잘 이해해 아이들에게 효율적으로 나눌 수 있게 했다는 특징을 지닙니다. 이는 다른 성경 공부 교재들과 차별되는 특징으로서《가스펠 프로젝트》가 좋은 성경 공부 교재임을 보여 줍니다.

《가스펠 프로젝트》의 내용 가운데 구약은 창세기부터 시작해 말라기에 이르기까지의 내용을 "위대한 시작", "하나님의 구출 계획", "약속의 땅", "왕국의 설립", "선지자와 왕", "돌아온 하나님의 백성" 등으로 나누어 다루고 있습니다. 대부분의 유치부 성경 공부 교재가 구약의 사건을 이야기 중심으로 가르치는 반면,《가스펠 프로젝트》는 사건의 흐름에 맞추어 성경의 핵심 교리를 가르치되 유아의 발달 상황을 고려해 구성했습니다. 유아들에게 교리는 어렵다는 생각에서 탈피해 그들의 영성을 고려해 내용을 구성한 점은《가스펠 프로젝트》의 장점이라고 할 수 있습니다.

《가스펠 프로젝트》의 또 다른 장점은 '가스펠 설교'를 마무리할 때 예수 그리스도께 초점을 맞추고 있다는 점입니다. 구약은 오실 예수 그리스도에 대한 예표요, 신약은 오신 예수 그리스도에 대한 사건을 기록하고 있다는 점에서 예수 그리스도께서 성경의 주인이심을 잘 표현하고 있습니다.

현재 우리나라의 출산율은 OECD 국가 가운데 최하위를 차지하고 있으며, 교회의 주일학교는 반 이상이 줄어든 상황입니다. 이러한 위기 속에서 언약 백성으로 다음 세대를 잘 양육해야 할 책임이 있는 교회와 그리스도인 부모, 교사들에게《가스펠 프로젝트》는 이 시대에 부응하는 효율적이며 영향력 있는 좋은 성경 공부 교재가 될 것입니다.

✝ 　　《가스펠 프로젝트》는 한 영혼, 한 영혼을 향한 하나님의 멈추지 않는 사랑을 전하며, 아들을 내어 주신 아버지 하나님의 놀라운 구원 계획에 눈뜨게 하는 교재입니다. 성경을 꿰뚫는 변함없는 메시지, 예수 그리스도를 만날 수 있는 교재입니다. 유익한 활동과 흥미로운 반복 학습을 통해 기독교 핵심 주제를 접하고, 말씀을 가까이하며 가족과 묵상을 나누도록 이끄는 방식에 기대가 큽니다. 다양한 소재의 동영상과 그림 자료는 시청각 자료가 부족한 교육 현장에 큰 활력을 불어넣어 줄 것입니다. 교재 내용에 맞게 창작된 찬양은 곡조가 있는 산 기도를 체험하게 도와줄 것입니다. 무미건조한 습관적 예배, 아이들과 소통하지 못해 안타까워했던 부모와 교사, 다음 세대를 걱정하는 교회 지도자들에게 이 교재를 추천합니다.

김요셉 _ 중앙기독학교 교목, 원천침례교회 목사

추천사

✝ 　　우리 시대의 전 세계적 교회 부흥은 두 가지 샘을 갖고 있습니다. 한 샘은 오순절 부흥 운동의 샘입니다. 이 샘으로 많은 시대의 목마른 영혼들이 목마름을 해갈했습니다. 또 하나의 샘은 성경 연구의 샘입니다. 남침례교 주일학교 운동은 이 샘의 개척자입니다. 이 샘으로 지금도 많은 성도가 목마름을 해갈하고 있습니다. 미국 남침례교 라이프웨이 출판사는 이러한 사역을 충실히 감당해 왔습니다. 《가스펠 프로젝트》는 모든 필요를 공급하는 원천이 될 것입니다. 《가스펠 프로젝트》는 쉬우면서도 결코 피상적이지 않습니다. 믿음의 단계를 따라 하나님의 자녀들에게 꼭 필요한 복음의 진수를 맛보게 해 줄 것입니다.

이동원 _ 지구촌교회 원로 목사, 지구촌 미니스트리 네트워크 대표

✝ 　　《가스펠 프로젝트》는 예수 그리스도를 중심으로 성경을 배웁니다. 성경이 어떻게 그리스도와 연결되어 있는지, 또 성도의 삶이 하나님의 구원 계획에 어떻게 연결되어야 하는지 구체적으로 제시합니다. 특히 《가스펠 프로젝트》는 하나의 본문으로 각 연령에 맞게 구성한 교재를 제공하여 하나의 본문으로 전 세대를 연결하고, 가정과 교회를 하나 되게 합니다. 신앙의 전수가 중요한 시대에 성도와 교회와 가정이 한마음으로 다음 세대를 준비시키기에 적합합니다. 특히 가정에서 부모가 자녀와 말씀으로 대화를 나눌 수 있게 하여 자녀 신앙 교육에 도움이 될 것입니다.

이재훈 _ 온누리교회 담임 목사

✝   《가스펠 프로젝트》를 펼치는 순간 가슴이 뛰었습니다. 이 시대를 살아가는 모든 그리스도인에게 꼭 필요한 성경의 핵심적 내용을 쉬우면서도 흥미로운 설명으로 펼쳐 내면서 성경을 깊이 알아 가는 기쁨과 구체적인 적용을 돕고 있기 때문입니다. 무엇보다도 가장 뛰어난 점은, 성경의 중심이 되는 예수님을 충실하게 드러낸다는 점입니다. 복음 프로젝트를 성실하게 따라가다 보면 예수님을 통해 완성하시는 하나님의 구원 역사 프로젝트가 드러날 것이고, 나아가 하나님 나라가 우리 삶에 한층 가까워질 것입니다. 이 시리즈를 통해 체계적인 '가정 제자 훈련'과 '성경 공부'를 정착시켜 한국 교회와 이민 교회에 거룩한 부흥의 불길이 일어나기를 기대합니다.

류응렬 _ 와싱톤중앙장로교회 담임 목사, 고든콘웰신학대학원 객원 교수

✝   《가스펠 프로젝트》 유치부 교재는 유아에게 성경을 좀 더 효과적으로 가르칠 수 있도록 돕는 교재입니다. 성경 전체에서 끊임없이 말하고 있는 '예수 그리스도'를 유아기에 꼭 맞는 교수 방법으로 소개해 유아에게 예수님과의 행복한 만남을 선물할 것입니다. 또한 《가스펠 프로젝트》는 가정과의 연계 교육이 매우 중요한 유아기에 부모와 긴밀하게 상호 작용할 수 있도록 구성되어 있습니다. 전 연령에 맞는 교재가 구비되어 있기 때문에 모든 가족, 더 나아가 모든 교회의 구성원이 같은 말씀으로 대화를 나눌 수 있습니다. 이 교재를 통해 다음 세대가 인생에 꼭 필요한 '예수 그리스도의 복음'의 토대 위에서 은혜 안에 자라 가기를 바랍니다.

이영희 _ 카도쉬비전센터 이스라엘교육연구원 대표, 《토라 태교》 저자

✝   두란노서원은 오랫동안 어린이용 성경 큐티 자료집의 발간을 통해 어린이들이 가정에서 부모와 함께 성경을 읽고 묵상할 수 있는 주요한 사역을 감당해 왔습니다. 이제 두란노서원의 《가스펠 프로젝트》의 발간으로 아이들이 교회에서는 교회학교 교사와, 가정에서는 부모와 성경을 공부해 복음적 삶의 변화를 가져올 수 있게 됨을 축하합니다. 《가스펠 프로젝트》는 교회학교 교사가 아이들에게 말씀을 효과적으로 가르칠 수 있는 교수 매체로서, 아이들과 함께 다양한 놀이 및 활동을 할 수 있도록 안내합니다. 유치부가 사용할 교재의 삽화는 성경의 주요 본문에 가까워 성경의 본문 내용을 이해하도록 하는 데 도움을 줍니다. 또한 활동 자료는 아이들의 발달 수준에 적절합니다. 《가스펠 프로젝트》를 사용하는 교회학교 교사, 부모, 아이들이 예수 그리스도를 배우고 본받아 하나님이 주신 사명을 실천할 수 있기를 바랍니다.

장화선 _ 안양대학교 기독교교육과 교수

1 _{단원}

구원의 하나님

이스라엘 백성은 약속의 땅에 들어가기 전 40년 동안 광야를 헤맸습니다. 이스라엘 백성은 그 땅을 정복해야 했으며, 하나님은 그들을 위해 싸우셨습니다. 여호수아는 이스라엘 백성을 인도했고, 그들이 오직 한 분, 진짜 하나님께 신실하도록 격려했습니다.

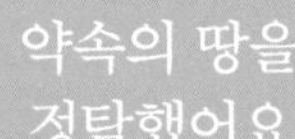

약속의 땅을
정탐했어요

놋뱀을
바라보았어요

여호수아가
당부했어요

죄 때문에
아이성 전투에서
졌어요

하나님이
여리고성을
주셨어요

돌고 도는 세상

카운트다운 영상(지도자용 팩)은 예배 대형으로 모이거나 대형을 바꾸며 준비할 시간을 알리는
데 활용한다. 익숙해질 때까지 중간에 남은 시간을 알리는 것도 좋다.
예) "1분 전입니다", "30초 전입니다. 마음을 가다듬고 기도하며 하나님께 나아갑시다" 등.

내가 네게 명령한 것이 아니냐 강하고 담대하라 두려워하지 말며 놀라지 말라 네가 어디로 가든
지 네 하나님 여호와가 너와 함께하느니라 하시니라(수 1:9).

여호수아 1:9

원곡 : 옹달샘(오스트리아 민요)

작곡 : 루이스 쾰러
편곡 : 김효정

1

약속의 땅을 정탐했어요

주제	여호수아와 갈렙은 하나님을 믿었어요.
예수님 생각하기	여호수아와 갈렙은 하나님을 신뢰했어요. 하나님은 여호수아가 이스라엘의 지도자가 되어 새로운 세대를 약속의 땅으로 인도하게 하셨어요. 예수님은 아버지 하나님께 완전한 순종을 하셨고, 사람들을 죄에서 구원하시려는 하나님의 계획을 신뢰하셨어요. 예수님은 우리를 하나님 나라로 인도해 주세요.
단원 암송	수 1:9
성경의 초점	우리가 믿어야 할 분은 누구이신가요? 우리는 하나님을 믿어요.

하나님은 이스라엘 백성을 이집트에서 구하시기에 앞서 오래전 아브라함에게 약속하셨던 땅으로 그들을 데려가겠다고 약속하셨습니다(출 3:8). 그리고 하나님은 이스라엘 백성을 약속의 땅으로 인도하셨습니다.

약속의 땅이 가까워지자 하나님은 모세에게 정탐꾼들을 보내 그 땅을 살펴보게 하셨습니다. 12명의 정탐꾼들은 40일 동안 그 땅을 둘러보았습니다. 그 땅은 하나님이 약속하신 대로 젖과 꿀이 흐르는 땅이었습니다. 그러나 한 가지 문제가 있었습니다. 그곳에 사는 사람들이 매우 크고 강했던 것입니다.

정탐꾼들 중 하나였던 갈렙은 "우리가 곧 올라가서 그 땅을 취하자 능히 이기리라"(민 13:30)라고 말했습니다. 갈렙은 하나님이 함께하시면 어떤 것도 가능하다고 믿었습니다. 여호수아와 갈렙은 하나님이 어떤 분이신지 이해하고 있었습니다. 하나님은 한 번 하신 약속은 반드시 지키시는 분입니다.

그러나 10명의 정탐꾼들의 부정적인 보고를 들은 이스라엘 백성은 모두 두려워했습니다. 그날 밤 그들은 약속의 땅으로 인도하겠다는 하나님의 약속을 믿을 수 없어서 낙담했고, 모두 슬피 울었습니다. 그러고는 자신들을 이집트로 다시 데려갈 새로운 지도자를 뽑을 계획을 세웠습니다.

하나님은 이스라엘 백성을 기뻐하지 않으셨습니다. 그들은 하나님으로부터 돌이켜 스스로를 의지했기 때문입니다. 하나님은 그들을 모두 쓸어버리겠다고 하셨지만, 모세는 이스라엘 백성을 위해 중재자가 되어 기도했습니다. 하나님은 갈렙과 여호수아를 제외하고 하나님께 죄를 지은 사람은 그 누구도 약속의 땅에 들어가지 못할 것이라고 말씀하셨습니다. 이로써 이스라엘 백성은 40년 동안 광야를 헤매게 되었습니다.

●● 티칭 포인트

이스라엘 백성이 하나님이 그들을 인도하신다는 사실을 믿지 못하는 죄를 지었다는 것을 아이들이 이해하도록 도와주십시오. 아울러 하나님의 아들이신 예수님은 아버지의 계획에 완전히 순종해 사람들을 죄에서 구원하셨다는 사실을 강조해서 말해 주십시오.

약속의 땅을 정탐했어요

민 13:1~14:38

하나님이 모세에게 말씀하셨어요. "사람들을 보내 내가 이스라엘 백성에게 줄 가나안 땅을 살펴보게 하라. 각 지파에서 지도자 한 사람씩을 보내라." 모세는 하나님이 말씀하신 대로 각 지파에서 한 사람씩을 뽑아 12명의 정탐꾼들을 세웠어요.

모세는 정탐꾼들에게 해야 할 일을 알려 주었어요. 그 땅이 어떤지 살펴보고 그곳에 사는 사람들이 힘이 센지 약한지, 수가 많은지 적은지 확인하시오." 이외에도 모세는 궁금한 점이 많았어요. "그들이 사는 땅이 좋은지 나쁜지, 성벽이 있는지 튼튼한지, 그 땅이 농사짓기에 적합한지, 나무가 잘 자라는지도 알아보시오." 또한 모세는 그들에게 "담대하시오. 그리고 그 땅의 열매들을 가지고 돌아오시오"라고 말했어요.

정탐꾼들은 40일 동안 약속의 땅을 살펴보았어요. 그러고는 포도송이들을 잘라 막대기에 매달고 석류와 무화과를 따서 가져왔어요. 그들은 모세와 아론, 이스라엘 백성 앞에 나아가 자신들이 본 것을 말하고 과일들을 보여 주었어요. "그 땅은 매우 ★기름집니다. 젖과 꿀이 흐르는 땅입니다. 그러나 그 땅에 사는 사람들은 강하고, 성읍은 크고 매우 튼튼합니다."

가나안 땅을 살펴보고 온 정탐꾼들 중 하나였던 갈렙은 이렇게 말했어요. "우리는 가서 그 땅을 정복해야 합니다. 하나님이 도우시면 할 수 있습니다!" 그러나 여호수아와 갈렙을 제외한 나머지 정탐꾼들의 생각은 달랐어요. "우리는 그 백성을 이기지 못합니다. 그들은 우리보다 강합니다. 그들과 비교하면 우리는 메뚜기와 같을 뿐입니다!"

이스라엘 백성은 두려워서 밤새도록 울었어요. 그들은 모세와 아론이 자신들을 가나안으로 인도해 죽게 만들었다고 생각했어요. 그들은 "새로운 지도자를 세워서 이집트로 돌아갑시다!"라고 말했어요. 그러자 모세와 아론은 이스라엘 백성 앞에 엎드렸어요. 가나안 땅을 정탐했던 여호수아와 갈렙은 입고 있던 옷을 찢어 버리고 이스라엘 백성에게 말했어요. "우리가 정탐한 땅은 매우 아름다운 땅입니다. 하나님이 우리를 기뻐하신다면 우리에게 그 땅을 주실 것입니다. 그 땅에 살고 있는 사람들을 두려워하지 마십시오. 하나님이 우리와 함께하십니다!" 그러나 이스라엘 백성은 그들을 돌로 치려 했어요.

그때 하나님이 모세에게 말씀하셨어요. "이 백성이 어느 때까지 나를 원망하겠느냐? 어느 때까지 나를 믿지 못하겠느냐?" 하나님은 모든 백성을 멸망시키겠다고 말씀하셨어요. 그러자 모세가 간절히 기도했어요. "이스라엘 백성의 죄를 용서해 주십시오. 주님은 위대하고 신실한 사랑의 하나님이십니다." 모세의 기도

★기름지다 : 영양 상태가 좋아서 식물의 잎이나 줄기가 싱싱하고 윤기가 있다.

를 들으신 하나님은 이렇게 말씀하셨어요. "네가 말한 대로 그들을 용서하겠다. 그러나 그들 중 누구도 내가 그 조상들에게 약속한 가나안 땅을 보지 못할 것이다."

다만 갈렙과 여호수아는 하나님을 온전히 따랐어요. 하나님은 그들에게 하나님의 백성을 약속의 땅으로 인도하도록 하셨어요. 하나님은 하나님을 신뢰하지 않은 이스라엘 백성은 죄의 대가를 받게 될 것이라고 말씀하셨어요. 그들은 광야에서 헤매며 약속의 땅에 들어가지 못하게 되었어요. 하나님은 여호수아, 갈렙, 그리고 새로운 세대만이 약속의 땅에 들어갈 수 있다고 말씀하셨어요.

●● 예수님 생각하기

여호수아와 갈렙은 하나님을 신뢰했어요. 하나님은 여호수아가 이스라엘의 지도자가 되어 새로운 세대를 약속의 땅으로 인도하게 하셨어요. 예수님은 아버지 하나님께 완전한 순종을 하셨고, 사람들을 죄에서 구원하시려는 하나님의 계획을 신뢰하셨어요. 예수님은 우리를 하나님 나라로 인도해 주세요.

가스펠 준비

싱글벙글 😊 ── 환영해요

"강하고 담대하라"(지도자용 팩)를 튼다. 아이들을 반갑게 맞이하며 헌금과 기도를 도와준다. 예배 중 헌금 순서가 있다면 아이들이 헌금을 잘 간수하도록 돕는다. 가방과 외투를 정리하도록 안내한다. 새로 온 아이가 있다면 음수대와 화장실의 위치를 알려 주고, 보호자와 만나는 시간과 방법 등을 소개한다. 보호자들을 위한 안내문을 붙여 아이와 만나는 시간, 기다리는 장소, 헌금 방법, 아이에 대한 특별한 주의 사항을 교사에게 미리 알려 주기 등을 공지한다.

너랑 나랑 😊 ── 마음 열기

주제와 관련 있는 퍼즐이나 블록 등 아이들이 좋아하는 장난감을 몇 가지 비치해 두고 다양한 활동을 하며 예배를 준비하거나 예배 장소 및 친구들과 익숙해지도록 돕는다. 아이들이 마음을 열고 오늘의 주제에 관심을 갖게 하며 예배에 집중할 수 있도록 도와준다. 교회 형편에 맞게 시간과 활동 방법을 조절한다.

1부터 12까지 세어 보아요 ✱

준비물 ▶ 블록, 유성 매직, 투명 박스 테이프

❶ 유성 매직을 이용해 블록 옆면에 1부터 12까지의 숫자를 각각 하나씩 적어 둔다.

> **tip** 투명 박스 테이프를 블록 옆면에 붙인 뒤 유성 매직으로 숫자를 써서 활동하고, 활동이 끝난 후 테이프를 떼어 내면 블록을 깨끗하게 유지할 수 있다.

❷ 아이들에게 한 명씩 차례대로 앞으로 나와 블록에 쓰인 숫자를 읽고 순서대로 배열해 보라고 한다.

❸ 모든 아이가 참여할 수 있도록 활동을 반복한다.

> **인도자** 오늘의 성경 이야기에서 하나님은 모세에게 "사람들을 보내 내가 이스라엘 백성에게 줄 가나안 땅을 살펴보게 하라"라고 명령하셨어요. 모세는 하나님의 명령대로 각 지파에서 한 사람씩을 뽑아 모두 12명의 정탐꾼들을 세워 약속의 땅으로 보냈어요. 그들은 가나안 땅에서 무엇을 보았을까요? 이제부터 알아보도록 해요.

상자 속을 정탐해 보아요 ✱

준비물 ▶ 신발 상자, 커터칼(송곳), 작은 물건들(장난감 반지, 블록, 시계 등)

❶ 신발 상자의 옆면 중 좁은 부분에 안을 들여다볼 수 있도록 커터칼을 이용해 작은 구멍을 뚫어 둔다.

> **tip** 신발 상자 윗면에 작은 구멍을 몇 개 뚫어 빛이 들어오게 해도 좋다.

❷ 아이들이 보지 못하도록 뒤로 돌아 준비해 놓은 작은 물건들 중 하나를 신발 상자 안에 넣고 뚜껑을 닫는다.

❸ 자원하는 아이를 앞으로 나오게 해 '정탐꾼' 역할을 맡긴다. 뚫린 구멍으로 신발 상자 안을 정탐한 후 나머지 아이들에게 어떤 물건인지 말로 설명해 맞히게 하면 된다는 게임의 규칙을 설명해 준다.

❹ 정답을 맞힌 아이를 다음 '정탐꾼'으로 세워 활동을 여러 번 반복한다.

> **인도자** 신발 상자 안에 있는 물건들을 잘 설명했네요. 정말 훌륭한 정탐꾼들이었어요! 오늘의 성경 이야기에서 하나님은 모세에게 정탐꾼들을 보내 하나님이 이스라엘 백성에게 줄 땅을 살펴보게 하라고 말씀하셨어요. 정탐꾼들은 그 땅에 다녀와서 자신들이 본 것을 이스라엘 백성에게 설명했지요. 어떻게 설명했는지 들어 볼까요?

예배 대형으로 모이기

- 카운트다운 영상, 모이기 노래 등을 활용해 예배 대형으로 바꾸고 마음을 준비하게 한다.
- 공간을 이동해야 한다면 정탐하듯 자세를 낮추며 조심스레 가도록 한다.

가스펠 설교

하나 — 들어가기

아이들에게 포도송이를 주면서 차례대로 만져 보고 무게가 얼마나 되는지 들어 보라고 한다.

포도송이가 무거웠나요? 너무 무거워서 친구들의 도움이 필요했나요? 아니었지요? 그런데 우리가 가진 포도송이는 작지만, 하나님이 이스라엘 백성에게 주신 가나안 땅에서 자란 포도송이들은 아주 컸대요. 어른들이 막대기에 매달아 운반해야 할 정도였답니다! 오늘의 성경 이야기를 한번 들어 볼까요?

tip 포도 알레르기가 있는 아이가 있는지 미리 알아 둔다.

둘 — 성경 이야기

민수기 13~14장을 편다. 설교 영상(지도자용 팩)을 보여 주거나 이야기 성경을 들려준다.

하나님은 성경을 통해 하나님의 말씀을 주셨어요. 성경 속 이야기는 모두 실제로 일어났던 일이에요. 하나님의 말씀은 진실이에요. 성경만큼 특별한 책은 없답니다.

셋 — 메시지와 정리

여호수아와 갈렙은 하나님을 믿었어요. 하지만 다른 이스라엘 백성은 하나님을 믿지 않았어요. 그들은 두려워했지요. 하나님이 누구보다 강한 분이시고, 약속을 항상 지키는 분이시라는 사실을 잊어버린 거예요.

'가스펠 프로젝트_하나님의 구원 계획' 영상(지도자용 팩)을 보여 주고 오늘의 성경 이야기도 하나님의 거대한 구원 계획의 한 부분에 속하는 이야기임을 상기시킨다. 연대표(지도자용 팩)를 가리키면서 복습 질문을 한다.

1. 정탐꾼들이 설명한 가나안 땅에 사는 사람들의 모습은 어떠했나요? 크고 강했다
2. 정탐꾼들 중에서 하나님이 그 땅을 차지하도록 도와주실 것이라고 믿은 2명은 누구 누구였나요? 여호수아, 갈렙
3. 이스라엘 백성이 하나님께 불평하고 하나님을 믿지 않아 죄를 지었을 때 그들을 용서해 달라고 하나님께 기도한 사람은 누구인가요? 모세
4. 하나님은 누가 약속의 땅에 들어갈 것이라고 하셨나요? 갈렙, 여호수아, 새로운 세대

넷 — 성경의 초점

1단원의 '성경의 초점' 질문과 답을 알려 줄게요. 앞으로 5주 동안 열심히 외워 보아요. **"우리가 믿어야 할 분은 누구이신가요?", "우리는 하나님을 믿어요."** 여호수아와 갈렙**은 하나님**이 가나안 땅을 주겠다고 하신 약속이 이루어질 것**을 믿었어요**. 하나님은 약속을 반드시 지키시는 분이에요. 예수님도 하나님을 믿으셨어요. 예수님은 아버지 하나님께 순종하셨고, 사람들을 죄에서 구원하시려는 하나님의 계획을 신뢰하셨어요.

다섯 — 복음 초청

아이들에게 '복음'이라는 말을 들어 본 적이 있는지 물어본다.

'복음'이라는 말을 들어 본 적이 있나요? 복음이란 '좋은 소식'이라는 뜻이에요. 우리에게 보내신 하나님의 좋은 소식이 무엇일까요?

성경과 65쪽 복음 초청 가이드를 이용해서 아이들에게 그리스도인이 되는 법을 설명해 준다. 따로 상담해 줄 사람을 정해 주고 궁금한 점이 있으면 물어보도록 격려한다.

이 시간 예수님을 믿고 마음에 모시고 싶은 친구는 함께 기도해요.

여섯 — 기도

여호수아와 갈렙의 믿음을 기뻐하신 하나님, 우리에게도 하나님의 약속을 믿는 믿음을 주세요. 하나님의 약속을 믿고 이 땅에 오신 예수님, 우리를 구원해 주셔서 감사해요. 예수님의 이름으로 기도합니다. 아멘.

일곱 — 암송송

성경에서 여호수아 1장 9절을 펴고 큰 소리로 여러 번 따라 읽게 한다.

하나님은 가나안 땅에 정탐꾼들을 보내라고 명령하셨어요. 모세는 12명의 정탐꾼들을 세워 그들을 가나안 땅으로 들여보냈어요. 1단원 암송 구절처럼 그들은 강하고 담대하게 하나님의 말씀을 믿고 나아가야 했어요.

암송송(132쪽)에 맞추어 손유희를 하며 말씀을 익힌다.

"내가 네게 명령한 것이 아니냐 강하고 담대하라 두려워하지 말며 놀라지 말라 네가 어디로 가든지 네 하나님 여호와가 너와 함께하느니라 하시니라"(수 1 : 9).

tip 전체 구절 암송이 어려운 경우에는 표시 부분을 발췌해 외워도 좋다.

가스펠 소그룹

알콩달콩 💬 **말씀 놀이**

믿음의 눈으로 바라보아요!

준비물 ▶ 유치부 교재 4쪽, 31쪽 '믿음의 눈으로 바라보아요' 그림, 색연필

이야기 나누기
- 정탐꾼들은 약속의 땅에서 무엇을 보았나요?
- 여호수아와 갈렙이 다른 의견을 낸 이유는 무엇인가요?

❶ 유치부 교재 31쪽 '믿음의 눈으로 바라보아요' 그림을 떼어 접는 선을 따라 안쪽으로 접으라고 한다.

❷ 왜 10명의 정탐꾼들이 가나안 땅에 사는 사람들을 보며 두려워 떨었는지 그림을 보며 이야기를 나누어 보는 시간을 갖는다.

❸ 접은 면을 다시 펴게 한다. 똑같은 상황에서 하나님의 약속을 믿은 여호수아와 갈렙은 어떤 모습을 보였는지 확인해 보고, 그들 옆에 '믿음의 눈으로 바라보는 나'의 모습을 그려 보게 한다.

> **인도자** 오늘의 성경 이야기에서 이스라엘 백성은 약속의 땅에 살고 있는 사람들이 자신들보다 덩치가 훨씬 크고 강하다는 이야기를 듣고는 겁에 질렸어요. 하지만 우리는 어떤 상황이든 하나님을 믿는 믿음의 눈으로 바라보아야 해요. **우리가 믿어야 할 분은 누구이신가요? 우리는 하나님을 믿어요. 여호수아와 갈렙은 하나님**이 그 땅을 주겠다고 하신 약속이 이루어질 것**을 믿었어요.** 하나님은 약속을 반드시 지키시는 분이에요. 예수님도 하나님을 믿으셨어요. 예수님은 사람들을 죄에서 구원하시려는 하나님의 계획을 신뢰하셨고, 하나님께 순종하셨어요.

믿음의 안경을 만들어요 ✳

준비물 ▶ 휴지 심(골판지), 스테이플러, 셀로판테이프, 리본 끈, 펀치, 셀로판지, 가위, 풀, 꾸미기 도구(색연필, 사인펜, 십자가나 하트 스티커 등)

❶ 2개의 휴지 심을 스테이플러로 고정해 쌍안경을 만들어 둔다. 스테이플러 심이 여며지는 부분에 아이의 손이 닿으면 베일 수 있으므로 셀로판테이프를 이용해 감싼다.

> **tip** 휴지 심을 구하기 어려운 경우 골판지를 말아서 사용할 수 있다.

❷ 쌍안경 양쪽 끝(눈을 직접 대는 쪽)에 펀치를 이용해 구멍을 한 개씩 뚫고, 약 50cm 길이로 잘라 둔 리본 끈의 양쪽 끝을 각각 넣어 빠지지 않도록 묶어 목걸이로 만든다.

❸ 쌍안경 앞쪽 렌즈가 될 부분(눈을 직접 대지 않는 쪽)에 셀로판지를 동그랗게 오려서 풀로 붙인다.

❹ 아이들에게 꾸미기 도구를 이용해 쌍안경을 장식하라고 한다.

❺ 완성된 쌍안경으로 예배실을 둘러보며 친구와 이야기를 나누어 보라고 한다.

> **인도자** 이스라엘 정탐꾼들에게는 쌍안경이 없었어요. 그래서 그들은 하나님이 주실 땅에 직접 가서 그 땅을 둘러보았어요. **여호수아와 갈렙은 하나님을 믿었어요.** 하지만 다른 정탐꾼들은 하나님을 믿지 않았지요. 하나님은 여호수아가 이스라엘의 지도자가 되어 새로운 세대를 약속의 땅으로 인도하게 하셨어요. 예수님은 아버지 하나님께 완전한 순종을 하셨고, 사람들을 죄에서 구원하시려는 하나님의 계획을 신뢰하셨어요. 예수님은 우리를 하나님 나라로 인도해 주세요.

주변을 정탐해 보아요 ✳

준비물 ▶ 흰색 도화지, 책받침, 다양한 그리기 재료

❶ 아이들에게 흰색 도화지, 책받침을 나누어 주고, 예배실이나 교회를 한 바퀴 돌며 주변을 정탐하는 시간을 갖는다. 이때 정탐꾼들처럼 조용히 다녀야 한다는 규칙을 말해 준다.

❷ 다양한 그리기 재료를 이용해 주변을 정탐하면서 보았거나 느낀 점을 그림으로 표현해 보라고 한다.

❸ 차례대로 그림을 발표하고, 같은 장면을 사람마다 얼마나 다르게 볼 수 있는지 느끼도록 지도한다.

> **인도자** 모세는 정탐꾼들에게 가나안 땅을 살펴보고 그들이 본 내용을 보고하라고 했어요. 그들은 이스라엘 백성에게 가나안에 사는 사람들과 성읍은 크고 튼튼하다고 말했어요. 그 말을 들은 이스라엘 백성은 두려워했지요. 그들은 하나님이 그 땅을 정복하실 것을 믿지 못했지만, **여호수아와 갈렙은 하나님을 믿었어요.** 여호수아는 우리에게 예수님을 생각나게 해요. 예수님은 아버지 하나님께 완전한 순종을 하셨고, 사람들을 죄에서 구원하시려는 하나님의 계획을 신뢰하셨어요. 예수님은 우리를 하나님 나라로 인도해 주세요.

"강하고 담대하라" 찬양을 들어요 ✳

준비물 ▶ "강하고 담대하라" 음원(또는 지도자용 팩)

❶ "강하고 담대하라" 찬양을 반복해서 들어 본다.

❷ 가사를 생각하면서 아이들과 함께 이야기를 나눈다.

> **인도자** **여호수아와 갈렙은 하나님을 믿었어요.** 하나님은 여호수아에게 이스라엘 백성을 약속의 땅으로 이끌도록 하셨어요. 하나님의 뜻은 항상 이루어져요. 하나님은 사람들을 죄에서 구원하려는 계획을 갖고 계셨고, 예수님을 이 땅에 보내심으로 그 계획을 이루셨어요.

준비물 ▶ 포도, 접시

❶ 카운트다운 영상, 정리하기 노래 등을 활용해 활동이 끝났음을 알린다. 아이들에게 주변을 정리하게 하고, 화장실에 가거나 물티슈 등을 이용해 손을 씻을 시간을 준다.

❷ 감사 기도를 드리고 포도를 송이째 반으로 잘라 간식으로 나누어 준다. 약속의 땅 가나안에서 자란 포도송이는 너무나도 커서 정탐꾼들이 막대기에 매달아 가져올 정도였다는 오늘의 성경 이야기를 떠올려 준다.

❸ 간식을 먹은 후 마무리 정리를 잘하도록 지도한다.

준비물 ▶ 유치부 교재 39쪽 메시지 카드, 펀치, 카드 고리, 소그룹 활동지, 파일

❶ 카드를 떼고 펀치로 구멍을 뚫어 고리로 연결하게 한다.

가족과 활동해요

- 예수님을 알지 못하는 이웃을 찾아가 보세요. 그들에게 복음을 전할 수 있는 방법을 알려 달라고 하나님께 기도하세요.
- 온 가족이 함께 복음을 전하려면 어떻게 해야 할지 가족회의를 열어 의논해 보고 결정한 대로 실천해 보세요.

❷ 가방이나 지갑에 고리를 끼워 항상 휴대하면서 오늘 배운 성경 이야기를 수시로 기억하게 하고, 가족과도 함께 나눌 수 있도록 격려한다.

tip 한 주에 한 장씩 나누어도 좋고, 11과 메시지 카드를 모두 떼어 구약 3권의 메시지 카드철을 만들어도 좋다.

❸ 소그룹 활동지를 떼어 파일에 끼우고 가방에 정리하게 한다.

❹ 아이들의 기도 제목을 물어보고 기도로 마무리한다.

인도자 사랑의 하나님, 하나님은 언제나 약속을 지키시는 분이에요. 우리가 하나님의 약속을 믿을 수 있도록 도와주세요. 우리가 두려울 때마다 하나님이 우리와 함께하신다는 사실을 기억할 수 있게 해 주세요. 예수님의 이름으로 기도합니다. 아멘.

❺ 아이를 데리러 온 부모에게 아이가 특별히 즐거워했거나 잘했던 활동들에 대해 이야기해 주고, 가정에서 성경 읽기와 가족 활동을 진행할 수 있도록 격려한다.

 **나만의 기록장**

약속의 땅 상상해서 그리기

2

놋뱀을
바라보았어요

주제 하나님은 이스라엘 백성이 놋뱀을 바라보면 살 것이라고 말씀하셨어요.

예수님 생각하기 이스라엘 백성은 그들이 지은 죄 때문에 큰 어려움을 당하게 되었어요. 하나님은 이스라엘 백성을 벌하려고 독사를 보내셨지만, 독사에 물린 사람들은 긴 막대기에 달린 놋뱀을 바라보면 살 수 있었어요. 우리도 우리의 죄 때문에 큰 어려움을 당하게 되었어요. 우리는 죄로 인해 하나님으로부터 멀리 떨어지게 되었어요. 우리는 죽어 마땅하지만 십자가에 달리신 예수님을 바라보고 믿는 사람은 하나님과 영원히 함께 살 수 있어요.

단원 암송 수 1:9

성경의 초점 우리가 믿어야 할 분은 누구이신가요? 우리는 하나님을 믿어요.

이스라엘 백성은 광야에서 방황하면서 모세와 하나님을 원망하기 시작했습니다. 하나님은 이스라엘 백성을 위해 놀라운 일들을 행하셨습니다. 하나님은 파라오의 손에서 그들을 구하셨고, 홍해를 갈라 안전하게 건너게 하셨으며, 만나를 양식으로 내려 주셨습니다. 그럼에도 불구하고 이스라엘 백성은 불평했습니다.

하나님은 이스라엘 백성의 불만족이 더 큰 문제의 시작임을 아시고 그들을 벌하셨습니다. 그것은 바로 매우 중요한 문제인 죄의 문제였습니다. 그들은 하나님의 선하심을 더 이상 믿지 않기 시작했습니다. 그리고 에덴동산에서 하와가 사람들을 죄에 빠뜨리는 거짓말에 속은 것처럼 마음속으로 거짓말을 믿기 시작했습니다. 그것은 바로 '하나님이 내게 무엇인가를 숨기고 계신다'라는 거짓말입니다.

분노하신 하나님은 불뱀(독사)을 보내셔서 사람들을 물게 하셨고, 많은 사람이 이로 인해 죽었습니다. 이스라엘 백성은 회개했습니다. 그들은 모세더러 하나님께 기도해 뱀들을 떠나게 해 달라고 부탁했습니다. 모세가 백성을 위해 기도하자 하나님은 해결책을 제시해 주셨습니다. "불뱀을 만들어 장대 위에 매달아라 물린 자마다 그것을 보면 살리라 모세가 놋뱀을 만들어 장대 위에 다니 뱀에게 물린 자가 놋뱀을 쳐다본즉 모두 살더라"(민 21:8~9).

요한복음 3장 14절에서 예수님은 "모세가 광야에서 뱀을 든 것같이 인자도 들려야 하리니"라고 말씀하셨습니다. 예수님이 하신 말씀은 무슨 의미일까요? 고린도후서 5장 21절은 이렇게 말합니다. "하나님이 죄를 알지도 못하신 이를 우리를 대신하여 죄로 삼으신 것은 우리로 하여금 그 안에서 하나님의 의가 되게 하려 하심이라."

예수님은 우리를 초대하십니다. 예수님을 바라봄으로 우리는 죄 사함을 얻고 구원받을 수 있습니다. "땅의 모든 끝이여 내게로 돌이켜 구원을 받으라 나는 하나님이라 다른 이가 없느니라"(사 45:22).

● ● 티칭 포인트

아이들에게 우리 모두가 맞닥뜨리게 되는 죄 문제에 대해 강조해서 가르쳐 주십시오. 우리는 그냥 병든 것이 아니고 죄로 인해 모두 죽음이라는 대가를 치러야 한다고 알려 주십시오. 그러나 해법이 있다는 기쁜 소식도 함께 전해 주십시오. 죄 없으신 예수님이 우리를 위해 죄를 가져가심으로 십자가에 우리 대신 달리셨습니다. 우리는 십자가에 달리신 예수님을 바라봄으로써 죄 사함을 얻을 수 있습니다.

놋뱀을 바라보았어요

민 20:1~20, 21:4~9

이스라엘 백성은 약속의 땅으로 들어가기를 거부했어요. 10명의 정탐꾼들이 가나안 땅에 사는 사람들은 너무 강하고 자신들은 그들에 비해 메뚜기 같다고 말했기 때문이에요. 그들은 두려웠어요. 하나님은 그들을 벌하셔서 광야에서 떠돌아다니게 하셨어요.

이스라엘 백성은 광야에 장막을 세웠어요. 그곳에는 마실 물이 없었지요. 이스라엘 백성은 투덜거리며 모세와 아론에게 불평했어요. "당신들은 왜 우리를 이 끔찍한 곳으로 데려왔습니까? 여기는 먹을 것도 없고, 마실 물도 없습니다!" 그러자 하나님은 모세에게 지팡이를 잡으라고 말씀하셨어요. 그리고 아론과 함께 이스라엘 백성을 불러 모으라고 하셨어요. 하나님은 모세에게 이스라엘 백성 앞에서 반석에게 "물을 내라"라고 명령하라고 말씀하셨어요.

모세는 지팡이를 잡았어요. 모든 이스라엘 백성을 불러 모은 후 모세는 손을 들어 지팡이로 반석을 두 번 쳤어요. 그러자 반석에서 물이 나와 모든 이스라엘 백성과 동물이 마실 수 있었어요.

그렇지만 큰일이에요. 모세와 아론이 하나님께 불순종했어요! 반석에게 명령하는 대신에 지팡이로 반석을 두 번 쳤기 때문이에요. 하나님은 모세와 아론이 하나님께 불순종한 것에 대해 화가 나셨어요. 하나님은 모세와 아론이 이스라엘 백성을 약속의 땅으로 인도하지 못할 것이라고 말씀하셨어요.

이스라엘 백성은 계속해서 광야를 지났어요. 모세는 에돔이라는 나라의 왕에게 사람을 보내 이스라엘 백성이 그 땅을 지나가도 되는지를 물었어요. 그러나 에돔의 왕은 "너희는 여기로 통과할 수 없다. 너희가 우리 땅을 지나가면 우리가 칼을 들고 나가 싸울 것이다!"라고 대답했어요. 이스라엘 백성은 할 수 없이 에돔 땅 옆으로 빙 돌아서 지나가야 했어요.

여행은 길어졌고, 이스라엘 백성은 투덜거리며 불평했어요. "왜 우리를 이집트에서 인도해 내어 이 광야에서 죽게 하는 것입니까? 이곳에는 먹을 것도 없고, 물도 없습니다. 지겨운 만나도 더 이상 못 먹겠습니다!"

화가 나신 하나님은 독사를 보내 이스라엘 백성을 물게 하셨고, 많은 사람이 죽었어요. 이스라엘 백성은 자신들이 하나님 앞에 불평해 죄를 지었다는 사실을 깨닫고 모세에게 말했어요. "우리가 하나님께 불평해 죄를 지었습니다. 여호와께 기도해 이 뱀들을 우리에게서 떠나게 해 주십시오."

모세는 이스라엘 백성을 위해 하나님께 기도했어요. 그러자 하나님이 살 수 있는 방법을 알려 주셨어요. "불뱀을 만들어 긴 막대기 위에 매달아라. 물린 자마다 그것을 보면 살 것이다." 모세는 놋뱀을 만들어 긴 막대기 위에 매달았어요. 독사에게 물린 자들이 놋뱀을 바라보자 모두 살게 되었답니다.

●● **예수님 생각하기**

이스라엘 백성은 그들이 지은 죄 때문에 큰 어려움을 당하게 되었어요. 하나님은 이스라엘 백성을 벌하려고 독사를 보내셨지만, 독사에 물린 사람들은 긴 막대기에 달린 놋뱀을 바라보면 살 수 있었어요. 우리도 우리의 죄 때문에 큰 어려움을 당하게 되었어요. 우리는 죄로 인해 하나님으로부터 멀리 떨어지게 되었어요. 우리는 죽어 마땅하지만 십자가에 달리신 예수님을 바라보고 믿는 사람은 하나님과 영원히 함께 살 수 있어요.

가스펠 준비

싱글벙글 😊 환영해요

"강하고 담대하라"(지도자용 팩)를 튼다. 아이들을 반갑게 맞이하며 헌금과 기도를 도와준다. 예배 중 헌금 순서가 있다면 아이들이 헌금을 잘 간수하도록 돕는다. 가방과 외투를 정리하도록 안내한다. 새로 온 아이가 있다면 음수내와 화장실의 위치를 알려 주고, 보호자와 만나는 시간과 방법 등을 소개한다. 보호자들을 위한 안내문을 붙여 아이와 만나는 시간, 기다리는 장소, 헌금 방법, 아이에 대한 특별한 주의 사항을 교사에게 미리 알려 주기 등을 공지한다.

너랑 나랑 😊 마음 열기

주제와 관련 있는 퍼즐이나 블록 등 아이들이 좋아하는 장난감을 몇 가지 비치해 두고 다양한 활동을 하며 예배를 준비하도록 돕는다. 아이들이 마음을 열고 오늘의 주제에 관심을 갖게 하며 예배에 집중할 수 있도록 도와준다. 교회 형편에 맞게 시간과 활동 방법을 조절한다.

색깔을 찾아보세요 ✳ ────────────────── 준비물 ▶ 놋그릇(구하기 어려운 경우 사진 자료로 대체)

❶ 인도자가 다양한 색깔 중에서 하나를 말하면 아이들이 해당하는 색깔을 가진 물건을 예배실에서 찾아 발표하는 활동이다.

> **tip** 연령대가 높은 아이들의 경우 금방 찾기 어렵도록 색깔을 설명하는 문장과 함께 제시해도 좋다. 예를 들면, "이 색깔은 우리가 뛰어가다가 넘어지면 피부가 벗겨지면서 생기는 무엇인가와 똑같은 색이에요. 이 색깔을 가진 물건을 찾아보세요", "날씨가 아주 화창한 날 하늘을 보면 이 색을 볼 수 있어요. 이 색깔을 가진 물건을 찾아보세요" 등이다.

❷ 물건을 찾은 아이는 손을 높이 들어 표시하면 된다고 일러 준다.

❸ 많은 아이가 발표할 수 있도록 반복해서 활동한다.

> **인도자** 모두 알맞은 색깔을 잘 찾아 주었어요. 잘했어요! 오늘의 성경 이야기에서 이스라엘 백성은 놋으로 된 무엇인가를 찾았어요. 놋은 놋그릇을 보여 준다 이와 같이 밝은 갈색의 쇠붙이 느낌이 나는 것이랍니다. 우리 나라에서도 예전부터 세숫대야나 그릇으로 만들어 사용했고, 요즘에는 비빔밥 그릇으로 많이 사용하고 있어요. 이스라엘 백성이 찾던 밝은 갈색을 한 놋으로 만든 물건이 무엇이었는지 함께 알아보도록 해요.

일회용 밴드를 분류해요 ✳ ────────────────── 준비물 ▶ 다양한 크기의 일회용 밴드

❶ 아이들에게 다양한 크기의 일회용 밴드를 나누어 주고 크기별로 분류해 보라고 한다.

❷ 분류가 끝났으면 크기별로 어느 부위를 다쳤을 때 사용할 수 있는 일회용 밴드인지 하나씩 물어보고 이야기를 나눈다.

> **인도자** 조금 다쳤을 때는 일회용 밴드를 붙이지요? 오늘의 성경 이야기에 나오는 이스라엘 백성은 많이 아팠어요. 우리가 붙이는 일회용 밴드 정도로는 해결할 수 없었지요. 하나님은 이스라엘 백성을 고칠 특별한 계획을 가지고 계셨어요. 하나님의 계획이 무엇이었는지 함께 알아보아요.

예배 대형으로 모이기

- 카운트다운 영상, 모이기 노래 등을 활용해 예배 대형으로 바꾸고 마음을 준비하게 한다.
- 공간을 이동해야 한다면 독사에 물려 아파하는 이스라엘 백성을 흉내 내며 가도록 한다.

가스펠 설교

하나 — 들어가기

여러분은 아프거나 다쳤을 때 어떻게 하나요? 약을 먹거나 일회용 밴드를 붙이거나 의사 선생님께 가지요? 오늘의 성경 이야기에 나오는 이스라엘 백성은 많이 아팠어요. 다행히도 하나님이 이스라엘 백성을 고칠 특별한 계획을 갖고 계셨지요.

둘 — 성경 이야기

민수기 20~21장을 편다. 설교 영상(지도자용 팩)을 보여 주거나 이야기 성경을 들려준다.

성경은 놀라운 선물이에요. 하나님은 성경에 하나님의 진리를 담아 우리에게 주셨어요. 성경은 우리가 하나님에 대해 알아야 할 모든 것을 알려 주어요. 오늘의 성경 이야기는 '민수기'에 나와요.

셋 — 메시지와 정리

하나님은 독사를 보내 이스라엘 백성의 죄를 벌하셨어요. 하지만 나을 수 있는 방법도 알려 주셨지요. **하나님은 이스라엘 백성이 놋뱀을 바라보면 살 것이라고 말씀하셨어요.** 우리도 우리의 죄 때문에 큰 어려움을 당하게 되었어요. 우리의 죄는 하나님과 우리 사이를 멀어지게 했어요. 우리는 죽어 마땅하지만 하나님이 우리에게 죄를 용서받을 수 있는 길을 알려 주셨어요. 십자가에 달리신 예수님을 바라보고 믿는 사람은 하나님과 영원히 함께 살 수 있어요.

연대표(지도자용 팩)를 가리키면서 복습 질문을 한다.

1. 이스라엘 백성은 광야에서 무엇이라고 불평했나요? 광야에는 먹을 것도 없고, 물도 없다고 불평했고, 지겨운 만나도 더 이상 못 먹겠다고 했다

2. 모세는 하나님께 어떻게 불순종했나요? 하나님이 말씀하신 대로 반석에게 "물을 내라"라고 명령하는 대신에 지팡이로 반석을 두 번 쳤다

3. 하나님이 이스라엘 백성의 죄를 벌하기 위해 보내신 것은 무엇인가요? 독사

4. 독사에게 물린 사람들이 어떻게 살게 되었나요? **하나님은 이스라엘 백성이 놋뱀을 바라보면 살 것이라고 말씀하셨어요**

넷 — 성경의 초점

지난주에 배운 1단원의 '성경의 초점' 질문을 기억하고 있나요? 질문해 볼 테니 답해
보세요. **"우리가 믿어야 할 분은 누구이신가요?"** 아이들의 대답을 기다린다. 맞아요! **"우리
는 하나님을 믿어요"**예요. 이스라엘 백성은 하나님을 믿지 못하고 불평했어요. 그들은
하나님이 자신들에게 가장 좋은 것을 주시는 분이라는 사실을 잊어버렸어요. 하나님
을 믿으세요! 하나님은 선하시고, 항상 우리에게 가장 좋은 것을 주신답니다.

다섯 — 복음 초청

성경과 65쪽 복음 초청 가이드를 이용해서 아이들에게 그리스도인이 되는 법을 설명해 준다. 따로 상담
해 줄 사람을 정해 주고 궁금한 점이 있으면 물어보도록 격려한다.

이 시간 예수님을 믿고 마음에 모시고 싶은 친구는 함께 기도해요.

여섯 — 기도

하나님, 언제나 하나님이 우리를 가장 선한 길로 인도하신다는 믿음을 가질 수 있도록
도와주세요. 하나님은 놋뱀을 준비해 이스라엘 백성을 고쳐 주신 것처럼 우리에게도
예수님을 보내 죄에서 자유롭게 해 주셨어요. 진심으로 감사드려요. 예수님의 이름으
로 기도합니다. 아멘.

일곱 — 암송송

성경에서 여호수아 1장 9절을 펴고 큰 소리로 여러 번 따라 읽게 한다.

이스라엘 백성은 그들이 지은 죄 때문에 큰 어려움을 당하게 되었어요. 하나님은 그들
을 살리기 위해 모세에게 불뱀을 만들어 긴 막대기에 달라고 하셨지요. 하나님은 하나
님의 말씀을 믿는 사람들을 살려 주세요. 1단원 암송 구절은 우리에게 하나님의 말씀
을 믿고 순종하라고 이야기해 주어요. 하나님이 우리와 언제나 함께하시니 두려워하
지 마세요.

암송송(132쪽)에 맞추어 손유희를 하며 말씀을 익힌다.

"내가 네게 명령한 것이 아니냐 강하고 담대하라 두려워하지 말며 놀라지 말라 네가
어디로 가든지 네 하나님 여호와가 너와 함께하느니라 하시니라"(수 1:9).

tip 전체 구절 암송이 어려운 경우에는 표시 부분을 발췌해 외워도 좋다.

가스펠
소그룹

알콩달콩 말씀 놀이

무엇을 바라보아야 할까요?

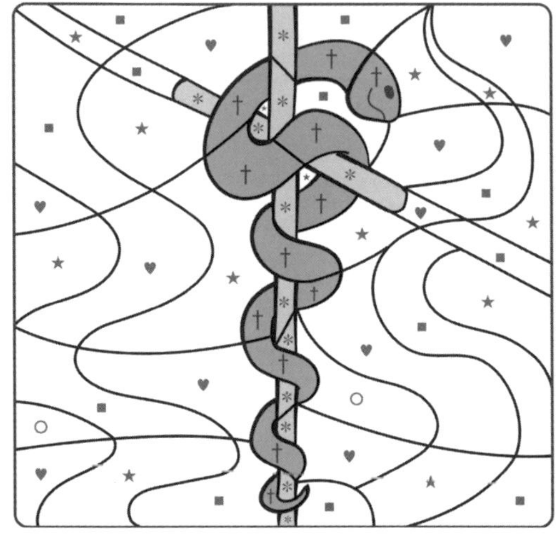

❶ 독사에 물려 죽어 가던 이스라엘 백성이 무엇을 바라보면 살아났는지에 대해 이야기를 나누어 본다.

❷ 그림에서 각각의 기호에 알맞은 색을 색연필로 칠해 답을 찾아보라고 한다.

> **tip** 낮은 연령대의 아이는 *과 †기호만 칠해 보게 해도 좋다.

❸ 믿음으로 놋뱀을 바라보았던 사람들은 살아났다고 다시 한 번 이야기해 준다.

> **인도자** 오늘의 성경 이야기에서 이스라엘 백성은 배고프고 목마르다고 불평했어요. 하나님을 믿지 못하고 불평하는 것은 분명 죄예요. 그래서 하나님은 독사를 보내 그들의 죄를 벌하셨어요. 하지만 나을 수 있는 방법도 알려 주셨지요. **하나님은 이스라엘 백성이 놋뱀을 바라보면 살 것이라고 말씀하셨어요.** 우리도 우리의 죄 때문에 큰 어려움을 당하게 되었어요. 하지만 하나님은 우리에게 죄를 용서받을 수 있는 방법을 알려 주셨지요. 십자가에 달리신 예수님을 바라보고 믿는 사람은 하나님과 영원히 함께 살 수 있어요.

뱀 술래잡기를 해요 *

❶ 아이들 중 한 명에게 '뱀' 역할을 맡긴다. '뱀'이 된 아이는 다른 아이들을 잡을 수 있는데, '뱀'에게 몸을 조금이라도 스친 아이는 뱀에게 물린 것으로 보고 바닥에 주저앉아야 한다는 게임의 규칙을 설명해 준다.

❷ 많은 아이가 '뱀'에 물렸을 때쯤 인도자가 137쪽 2과 '성경 이야기 그림'을 들어 올리면서 "놋뱀을 보세요!"라고

외친다. 놋뱀을 본 아이들은 모두 살아나 게임을 계속하라고 말해 준다.

❸ '뱀' 역할을 맡은 아이를 바꾸어 게임을 여러 번 반복한다.

> **인도자** 하나님은 이스라엘 백성의 죄 때문에 그들에게 독사를 보내셨어요. 하지만 **하나님은 이스라엘 백성이 놋뱀을 바라보면 살 것이라고 말씀하셨어요**. 우리도 죄를 지어요. 하지만 하나님은 우리에게 죄를 용서받을 수 있는 방법을 알려 주셨어요. 십자가에 달리신 예수님을 바라보고 믿는 사람은 하나님과 영원히 함께 살 수 있어요.

놋뱀을 만들어요 *

준비물 ▶ 휴지 심, 가위, 사인펜, 갈색 크레파스, 모형 눈알, 풀

❶ 휴지 심에 나선 모양의 선을 그어 준비해 둔다.

❷ 아이들에게 휴지 심을 나누어 주고 나선 모양으로 자르도록 지도한다.

> tip 연령대가 낮은 경우 교사가 미리 오려 둔다.

❸ ❷를 갈색 크레파스로 칠해 뱀의 몸통을 만들고, 한쪽 끝에 모형 눈알을 풀로 붙여 뱀의 머리를 표시한다.

❹ 조심스레 다듬어 놋뱀을 완성하도록 한다.

> **인도자** 하나님은 독사를 보내 이스라엘 백성의 죄를 벌하셨지만 살길도 함께 주셨어요. **하나님은 이스라엘 백성이 놋뱀을 바라보면 살 것이라고 말씀하셨어요**. 우리도 우리의 죄 때문에 큰 어려움을 당하게 되었어요. 우리는 죽어 마땅하지만 십자가에 달리신 예수님을 바라보고 믿는 사람은 하나님과 영원히 함께 살 수 있어요.

병원 놀이를 해요 *

준비물 ▶ 병원 놀이 세트

❶ 아이들을 '의사'와 '환자'로 역할을 나누어 병원 놀이를 해 본다.

❷ 중간에 역할을 바꾸어 활동을 계속한다.

> **인도자** 이스라엘 백성이 독사에 물려 죽어 갈 때 하나님이 보내 주신 것은 의사 선생님이나 다양한 치료 도구가 들어 있는 구급상자가 아니었어요. **하나님은 이스라엘 백성이 놋뱀을 바라보면 살 것이라고 말씀하셨어요**. 독사에게 물린 사람들은 긴 막대기에 달린 놋뱀을 바라보면 누구나 나았어요. 우리도 죄를 지어요. 하나님은 우리에게 죄를 용서받을 수 있는 방법을 알려 주셨어요. 십자가에 달리신 예수님을 바라보고 믿는 사람은 하나님과 영원히 함께 살 수 있어요.

간식

❶ 카운트다운 영상, 정리하기 노래 등을 활용해 활동이 끝났음을 알린다. 아이들에게 주변을 정리하게 하고, 화장실에 가거나 물티슈 등을 이용해 손을 씻을 시간을 준다.

❷ 감사 기도를 드리고 지렁이 모양의 젤리와 막대 과자를 간식으로 나누어 준다. 아이들에게 지렁이 모양의 젤리를 막대 과자 주위에 감아 긴 막대기에 달린 놋뱀처럼 만들어 보라고 한다. 독사에 물린 이스라엘 백성은 하나님의 말씀을 믿고 긴 막대기에 달린 놋뱀을 바라보면 나을 수 있었다고 다시 한 번 이야기해 준다.

❸ 간식을 먹은 후 마무리 정리를 잘하도록 지도한다.

마무리

❶ 이번 주 메시지 카드로 부모님과 함께 오늘 배운 성경 이야기를 나누어 보라고 한다.

가족과 활동해요

• 인터넷에서 여러 종류의 뱀을 찾아보세요.

• 미전도 지역(예수님의 이름을 한 번도 들어 보지 못한 지역)에 대해 조사해 보고 그곳 사람들을 위해 기도하세요. 그리고 그들에게 어떻게 복음을 전할 수 있을지 생각해 보세요.

❷ 소그룹 활동지를 떼어 파일에 끼우고 가방에 정리하게 한다.

❸ 아이들을 위해 기도한다.

> **인도자** 하나님, 하나님은 우리를 정말 사랑하셔서 우리가 죄짓는 것을 원하지 않으세요. 죄를 벌하시면서도 우리의 죄를 용서해 주시는 하나님께 감사해요. 우리가 하나님을 믿지 못할 때 우리를 용서해 주세요. 우리가 우리에게 필요한 모든 것을 주시는 하나님을 믿을 수 있게 해 주세요. 예수님의 이름으로 기도합니다. 아멘.

❹ 아이를 데리러 온 부모에게 아이가 특별히 즐거워했거나 잘했던 활동들에 대해 이야기해 주고, 가정에서 성경 읽기와 가족 활동을 진행할 수 있도록 격려한다.

나만의 기록장

긴 막대기에 달린 놋뱀 그리기

3 하나님이 여리고성을 주셨어요

(수 2~4장, 6장)

주제	하나님은 이스라엘 백성을 약속의 땅으로 인도하셨어요.
예수님 생각하기	하나님은 이스라엘 백성을 위해 싸우셨고, 그들을 약속의 땅으로 인도하셨어요. 하나님이 이스라엘 백성을 위해 여리고 전쟁에서 이기신 것처럼 예수님은 모든 대적과 싸워 이기셨고, 믿는 자들을 영원한 나라로 인도하세요.
단원 암송	수 1:9
성경의 초점	우리가 믿어야 할 분은 누구이신가요? 우리는 하나님을 믿어요.

약속의 땅으로 향하는 이스라엘 백성 앞에 놓여 있던 단 하나의 장애물은 요단강이었습니다. 여호수아와 이스라엘 백성이 요단 강가에 도착했을 때 요단강은 봄비와 눈이 녹아 흐른 물로 범람해 있었습니다. 다른 시기였다면 요단강을 건너는 것이 어렵지 않았겠지만 물이 불어난 강을 건너는 것은 홍해를 건너는 것만큼이나 어려운 일이었습니다. 그러나 하나님은 이스라엘 백성이 요단강을 마른 땅으로 건너게 하셨고, 그들을 약속의 땅으로 인도하셨습니다.

이제 이스라엘 백성이 해야 할 일은 가나안 족속을 정복하는 것이었습니다. 이스라엘 백성은 여리고로 향했습니다. 여리고의 사람들은 하나님과 하나님이 이스라엘 백성을 위해 행하신 일을 전해 들었습니다. 그들은 하나님의 능력을 알았기에 하나님과 맞서려 하지 않았습니다.

여호수아는 여리고로 두 명의 정탐꾼들을 보냈습니다. 여리고에 살던 라합이라는 기생은 그들을 여리고 사람들로부터 안전하게 숨겨 주었습니다. 라합은 하나님 편에 섰습니다. 그러고는 이스라엘 백성이 그 도시를 점령할 때 자신과 가족을 살려 달라고 부탁했습니다.

이스라엘 백성은 믿음으로 여리고 전쟁에 임했습니다. 그들은 하나님의 지시에 순종해 성 주위를 매일 한 번씩 엿새 동안 돌았습니다. 이때 아무 말도 해서는 안 되었습니다. 6일 동안은 아무 일도 일어나지 않았습니다. 7일째가 되자 이스라엘 백성은 나팔을 불며 외쳤습니다.

여호수아는 이스라엘 백성에게 자세한 지시를 내렸고, 라합과 가족을 제외한 도시의 모든 것을 파괴하라고 했습니다. 이스라엘 백성은 어떤 물건에도 손댈 수 없었습니다. 오직 하나님만이 그들의 필요를 채워 주실 것이었습니다. 그들은 여리고성을 강탈할 필요가 없었습니다.

●● 티칭 포인트

아이들에게 하나님이 이스라엘 백성을 위해 싸우셨고, 그들을 약속의 땅으로 인도하셨다는 사실을 알려 주십시오. 하나님이 이스라엘 백성을 위해 여리고 전쟁에서 이기신 것처럼 예수님은 모든 대적과 싸워 이기셨고, 믿는 자들을 영원한 나라로 인도해 주신다고 말해 주십시오.

하나님이 여리고성을 주셨어요

수 2~4장, 6장

모세가 죽은 후 여호수아가 이스라엘 백성의 인도자가 되었어요. 하나님은 여호수아에게 가나안 땅으로 들어갈 때가 되었다고 말씀하셨어요. 하나님이 아브라함의 후손에게 가나안 땅을 주겠다고 약속하셨거든요. 그런데 그 땅에는 다른 사람들이 살고 있었어요. 이스라엘 백성은 그들과 싸워서 이겨야 했답니다.

여호수아는 여리고성으로 2명의 정탐꾼들을 보냈어요. 그들은 라합이라는 여인의 집에 머물렀어요. 여리고의 왕은 정탐꾼들이 라합의 집에 있다는 소식을 들었어요. 라합은 서둘러 정탐꾼들을 지붕에 안전하게 숨겼지요. 라합은 하나님이 이집트에서 하신 일을 듣고 하나님을 믿고 있었거든요. 라합은 하나님의 백성을 돕고 싶어 했어요.

정탐꾼들은 이스라엘이 그 도시를 *점령할 때 라합과 가족을 살려 주기로 약속했어요. 라합은 정탐꾼들과 약속한 대로 붉은 줄을 창문에 매서 이스라엘 백성이 자기 집을 알 수 있게 했어요. 정탐꾼들은 여리고를 떠나 여호수아에게로 향했고, 자신들이 겪은 모든 일을 이야기해 주었어요.

이제 이스라엘 백성과 약속의 땅 사이에 있는 유일한 장애물은 넓고 깊은 요단강이었어요. 하나님은 이스라엘 백성이 요단강을 건너도록 도우셨지요. 하나님은 여호수아와 제사장들에게 해야 할 일을 알려 주셨어요. 이스라엘 백성은 하나님이 지시하신 대로 요단강을 건널 준비를 했어요. 여호수아가 말했어요. "하나님이 우리와 함께하십니다. 하나님은 모든 대적을 반드시 쫓아내실 것입니다."

제사장들은 언약궤를 메고 요단강가에 섰어요. 제사장들이 요단강에 들어가 발이 잠기자 하나님이 놀라운 일을 보이셨어요! 하나님이 강에서 흘러내리던 물을 멈추게 하신 거예요! 이스라엘 백성은 요단강을 안전하게 마른 땅으로 건넜어요.

이스라엘 백성이 요단강을 모두 건너자 여호수아는 각 지파에서 한 사람씩을 뽑아 요단강에서 각각 돌 한 개씩 모두 12개를 가져오게 했어요. 그리고는 하나님이 이스라엘 백성을 위해 요단강을 멈추신 일을 기념하기 위한 기념비를 세웠어요. 마지막으로 언약궤를 멘 제사장들까지 요단강을 모두 건너자 요단강 물이 다시 흐르기 시작했고, 전처럼 언덕에 넘쳤어요.

하나님은 여호수아에게 다음에 할 일을 알려 주셨어요. "너희는 앞으로 6일 동안 성 주위를 매일 한 번씩 돌아라. 일곱째 날에는 일곱 번을 돌아라. 그날 제사장들이 나팔을 길게 불면 온 백성이 다 큰 소리로 외쳐라. 그러면 여리고 성벽이 무너질 것이니 이스라엘 백성은 올라가서 성을 정복하라."

여호수아는 하나님이 말씀하신 대로 했어

★점령하다 : 적의 땅을 차지하다.

요. 여호수아는 이스라엘 백성이 언약궤와 함께 여리고 성벽을 돌게 했어요. 제사장들은 나팔을 잡고 나아갔고 언약궤를 멘 제사장들이 그 뒤를 따랐어요. 이스라엘 백성은 성벽을 한 번 돌았어요. 둘째 날에도 조용히 성벽을 돌고 돌아왔어요. 이 일을 6일 동안 반복했어요.

일곱째 날, 이스라엘 백성은 일찍 일어나서 성벽을 일곱 번 돌았어요. 일곱 번째 돌 때 제사장들이 나팔을 불자 여호수아가 백성에게 말했어요. "외쳐라! 하나님이 우리에게 이 성을 주셨다!" 그러자 이스라엘 백성은 소리를 질렀고 성벽이 와르르 무너졌어요. 이스라엘 백성은 여리고성으로 들어가 그 성을 정복했어요. 그들은 성안의 모든 것을 파괴했지만 라합과 가족은 살려 주었어요.

● ● 예수님 생각하기

하나님은 이스라엘 백성을 위해 싸우셨고, 그들을 약속의 땅으로 인도하셨어요. 하나님이 이스라엘 백성을 위해 여리고 전쟁에서 이기신 것처럼 예수님은 모든 대적과 싸워 이기셨고, 믿는 자들을 영원한 나라로 인도하세요.

가스펠 준비

싱글벙글 😀 환영해요

"강하고 담대하라"(지도자용 팩)를 튼다. 아이들을 반갑게 맞이하며 헌금과 기도를 도와준다. 예배 중 헌금 순서가 있다면 아이들이 헌금을 잘 간수하도록 돕는다. 가방과 외투를 정리하도록 안내한다. 새로 온 아이가 있다면 음수대와 화장실의 위치를 알려 주고, 보호자와 만나는 시간과 방법 등을 소개한다. 보호자들을 위한 안내문을 붙여 아이와 만나는 시간, 기다리는 장소, 헌금 방법, 아이에 대한 특별한 주의 사항을 교사에게 미리 알려 주기 등을 공지한다.

너랑 나랑 😀 마음 열기

주제와 관련 있는 퍼즐이나 블록 등 아이들이 좋아하는 장난감을 몇 가지 비치해 두고 다양한 활동을 하며 예배를 준비하도록 돕는다. 아이들이 마음을 열고 오늘의 주제에 관심을 갖게 하며 예배에 집중할 수 있도록 도와준다. 교회 형편에 맞게 시간과 활동 방법을 조절한다.

정탐꾼을 찾아요 ✱ 준비물 ▶ 같은 모양의 불투명 플라스틱 컵 3개, 작은 플라스틱 인형 2개

❶ 책상 위에 컵 3개를 엎어 놓는다. 그중 하나에 작은 인형 2개를 숨긴다.

❷ 아이들에게 이제부터 컵들을 섞어 위치를 바꿀 텐데 주의 깊게 살펴보다가 마지막에 인형들이 어느 컵에 들어 있는지 알아맞혀 보라고 한다.

❸ 연령대에 따라 컵들을 섞는 속도를 조절하며 활동을 여러 번 반복한다.

> **인도자** 컵 안에 숨겨진 인형들을 잘 찾아냈어요! 오늘의 성경 이야기에서 여호수아는 2명의 정탐꾼들을 여리고성으로 들여보냈어요. 라합이라는 여인은 정탐꾼들을 숨겨 여리고의 왕으로부터 보호해 주었어요. 물론 컵 안에 숨긴 것은 아니었지요! 컵 안에는 사람이 들어가지도 못하니까요! 우리는 숨겨진 인형들을 찾아냈지만, 이스라엘 정탐꾼들은 여리고의 왕에게 절대 들켜서는 안 되었어요. 정탐꾼들은 어떻게 되었는지 함께 알아보아요.

돌을 골라 쌓아 보아요 ✱ 준비물 ▶ 다양한 돌들

❶ 아이들에게 다양한 돌들을 보여 주고, 모양과 두께, 색깔별로 각각 구분해 볼 수 있도록 지도한다.

❷ 아이들에게 다양한 돌들 중 12개를 골라 다 같이 쌓아 보라고 한다.

> **인도자** 여러분은 하나님이 이스라엘 백성을 이집트에서 어떻게 구원하셨는지 기억하고 있나요? 하나님은 홍해를 가르셔서 이스라엘 백성이 마른 땅을 건너 이집트 사람들로부터 도망칠 수 있게 하셨어요. 오늘의 성경 이야기에서 하나님은 또 한 번 물을 가르세요! 이번에는 적들로부터 도망치게 하려고 물을 가르신 것이 아니에요. 이스라엘 백성을 하나님이 약속하신 땅으로 인도하시기 위해서이지요. 이제 오늘의 성경 이야기를 들어 보아요.

예배 대형으로 모이기

- 카운트다운 영상, 모이기 노래 등을 활용해 예배 대형으로 바꾸고 마음을 준비하게 한다.
- 공간을 이동해야 한다면 크게 소리를 지르며 가도록 한다.

가스펠
설교

하나 — 들어가기

아이들을 두 줄로 세운 후 예배실을 조용히 일곱 번 돈 다음 자리에 앉으라고 한다.

우리가 예배실을 돌 때는 아무런 일도 일어나지 않았어요. 오늘의 성경 이야기에서 하나님은 이스라엘 백성에게 여리고성을 일곱 번 돌라고 말씀하셨어요. 그때 놀라운 일이 일어났답니다! 오늘의 성경 이야기를 들어 보세요.

둘 — 성경 이야기

여호수아 2~4장, 6장을 편다. 설교 영상(지도자용 팩)을 보여 주거나 이야기 성경을 들려준다.

하나님은 성경에 하나님의 진리를 담아 주셨어요. 성경은 우리가 하나님에 대해 알아야 할 모든 것을 알려 주어요. 성경은 가장 중요한 책이에요.

셋 — 메시지와 정리

오래전에 하나님은 아브라함의 후손에게 가나안 땅을 주겠다고 약속하셨어요. 이제 그 약속이 이루어지고 아브라함의 후손이 약속의 땅으로 들어갈 때가 되었어요. **하나님은 이스라엘 백성을 약속의 땅으로 인도하셨어요.** 이스라엘 백성이 요단강을 건너 첫 번째로 차지하게 된 땅이 여리고성이었지요. 하나님은 놀라운 방법으로 여리고성을 이스라엘 백성에게 주셨어요. 하나님은 우리가 예수님을 믿으면 우리에게 더 나은 땅을 주겠다고 약속하셨어요. 더 나은 땅은 바로 천국이에요. 우리는 천국에서 하나님과 함께 영원히 살 거예요.

연대표(지도자용 팩)를 가리키면서 복습 질문을 한다.

1. 여리고성에서 이스라엘 정탐꾼들을 도와준 사람은 누구인가요? 라합
2. 언약궤를 멘 제사장들이 요단강에 들어가 발이 잠기자 어떤 일이 일어났나요? 하나님이 요단강에서 흘러내리던 물을 멈추셨다
3. 하나님이 이스라엘 백성을 위해 요단강을 멈추신 일을 기념하기 위해 여호수아가 세운 것은 무엇인가요? 요단강에서 가져온 12개의 돌들을 쌓아 기념비를 세웠다

4. 여리고성을 일곱 번째 돌 때 제사장들이 나팔을 길게 불고 이스라엘 백성이 소리를
   지르자 어떤 일이 일어났나요? 여리고 성벽이 무너졌다

넷 — 성경의 초점

중요한 질문을 하나 더 할게요. 1단원의 '성경의 초점' 질문이에요. **"우리가 믿어야 할
분은 누구이신가요?"** 답은 **"우리는 하나님을 믿어요"**예요. 이스라엘 백성은 하나님을
믿었고, 하나님의 지시를 따랐어요. 그러자 하나님은 오래전에 아브라함에게 약속하
셨던 가나안 땅에 있는 여리고 성벽을 무너뜨리셨지요. 이스라엘 백성은 하나님의 놀
라운 능력을 보았어요!

다섯 — 복음 초청

성경과 65쪽 복음 초청 가이드를 이용해서 아이들에게 그리스도인이 되는 법을 설명해 준다. 따로 상담
해 줄 사람을 정해 주고 궁금한 점이 있으면 물어보도록 격려한다.
이 시간 예수님을 믿고 마음에 모시고 싶은 친구는 함께 기도해요.

여섯 — 기도

하나님, 이스라엘 백성의 힘으로는 갈 수 없었던 약속의 땅으로 이끌어 주신 분은 위대
하시고 신실하신 하나님이에요! 우리도 연약하지만 하나님이 주시는 힘으로 하나님
을 기쁘시게 해 드리고 싶어요. 우리에게 힘을 주세요. 예수님의 이름으로 기도합니다.
아멘.

일곱 — 암송송

성경에서 여호수아 1장 9절을 펴고 큰 소리로 여러 번 따라 읽게 한다.
하나님은 이스라엘 백성을 위해 싸우셨고, 그들을 약속의 땅으로 인도하셨어요. 하나
님이 우리 대신 싸우시면 여리고처럼 크고 튼튼한 성벽도 쉽게 무너져 내려요. 하나님
은 우리에게 강하고 담대하라고, 두려워하지 말고 놀라지 말라고 말씀하세요. 하나님
은 우리가 어디로 가든지 우리와 함께하신답니다.

암송송(132쪽)에 맞추어 손유희를 하며 말씀을 익힌다.
"내가 네게 명령한 것이 아니냐 강하고 담대하라 두려워하지 말며 놀라지 말라 네가
어디로 가든지 네 하나님 여호와가 너와 함께하느니라 하시니라"(수 1:9).

tip 전체 구절 암송이 어려운 경우에는 표시 부분을 발췌해 외워도 좋다.

알콩달콩 말씀 놀이

쉿! 정탐꾼들을 찾아요!

준비물 ▶ 유치부 교재 8쪽, 색연필

이야기 나누기

- 여리고에 들어간 이스라엘 정탐꾼들은 어디에 숨었나요?
- 라합은 왜 그들을 숨겨 주었나요?

❶ 하나님이 약속하신 땅인 가나안에 몰래 들어가 숨어서 살펴보고 있는 이스라엘 정탐꾼들을 찾아 ○표 하라고 한다. 그림 아래쪽 동그라미 안에 이스라엘 정탐꾼들의 모습이 그려져 있다고 말해 준다.

❷ 4개의 그림을 보고 이스라엘 백성에게 일어난 일의 순서대로 동그라미 안에 번호를 적어 보라고 한다.

인도자 이 그림은 오늘의 성경 이야기에 나오는 장면이에요. 여호수아는 하나님이 주겠다고 약속하신 가나안 땅에 있는 여리고성으로 정탐꾼 2명을 보냈어요. 라합이라는 여인이 정탐꾼들을 지붕에 숨겨 주었지요. 정탐꾼들은 이스라엘이 그 도시를 점령할 때 라합과 가족을 살려 주기로 약속했어요. **하나님은 이스라엘 백성을 약속의 땅으로 인도하셨어요.** 하나님이 하셨어요! 하나님이 요단강을 멈추셨고, 여리고성을 무너뜨리셨어요. 그리고 이스라엘 백성이 전투에서 승리하게 하셨어요. 마찬가지로 하나님은 우리를 구원하기 위한 모든 일을 하셨어요. 예수님을 이 땅에 보내 주신 거예요. 우리가 해야 할 일은 죄에서 돌이켜 예수님을 믿는 것뿐이에요.

지시를 따르고 선물을 받아요 ✲

준비물 ▶ 뚜껑이 있는 상자, 작은 장난감이나 사탕

❶ 뚜껑이 있는 상자 안에 작은 장난감이나 사탕을 넣는다.

❷ 상자를 숨기되, 지시를 따르면 금세 찾을 수 있지만 눈에 쉽게 띄지는 않는 장소에 놓아 둔다.

❸ 아이들에게 줄 선물이 있다고 말하고, 인도자의 지시를 따르면 선물을 받게 될 것이라고 말해 준다.

❹ 한 번에 하나씩 지시를 내려 아이들이 따를 수 있게 한다.

예) "자리에 앉아 1부터 10까지 세어 보세요", "예배실을 아기처럼 기어 다니세요", "친구와 하이파이브를 하세요" 등.

❺ 마지막으로 "상자는 ○○에 있어요. 상자를 열고 선물을 하나씩 가져가세요"라고 지시해 선물을 준다.

> **인도자** 약속한 대로 선물을 받기 위해서 여러분이 해야 할 일은 지시를 따르는 것이었어요. 이스라엘 백성이 하나님이 주겠다고 약속하신 땅을 갖기 위해 해야 할 일은 하나님의 지시를 따르는 것이었어요. **하나님은 이스라엘 백성을 약속의 땅으로 인도하셨어요.** 마찬가지로 하나님은 우리를 구원하기 위한 모든 일을 하셨어요. 예수님을 이 땅에 보내 주신 거예요. 우리가 해야 할 일은 죄에서 돌이켜 예수님을 믿는 것뿐이에요.

돌을 옮겨 보아요 *

준비물 ▶ 큰 대야 2개, 매끈한 돌들(12개 이상), 집게, 수건, 대형 비닐, 물

❶ 바닥에 대형 비닐을 깔고 큰 대야 2개를 1m 간격으로 나란히 놓는다. 대야 하나에 10cm 정도 높이로 물을 채운 후 매끈한 돌들을 집어넣는다.

❷ 아이들에게 집게를 나누어 주고, 모두 합해 돌 12개를 집어 옆에 있는 대야로 옮기라고 한다.

❸ 아이들이 돌을 옮기는 동안 오늘의 성경 이야기 중에서 기념비를 세운 부분을 들려준다.

> **인도자** 이스라엘 백성과 약속의 땅 사이에 있는 장애물은 넓고 깊은 요단강이었어요. 하나님은 이스라엘 백성이 요단강을 건너도록 도우셨어요. 요단강을 건넌 뒤 여호수아는 요단강에서 모두 12개의 돌들을 가져오게 했지요. 여호수아는 하나님이 이스라엘 백성을 위해 요단강을 멈추신 일을 기념하기 위해 기념비를 세웠답니다.

성벽을 와르르 무너뜨려요 *

준비물 ▶ 벽돌 블록

❶ 아이들에게 벽돌 블록을 이용해 성벽을 쌓아 보라고 한다.

> **tip** 성벽의 높이가 아이들의 턱을 넘지 않도록 하고, 다치지 않도록 성벽을 무너뜨린 후 서둘러 피할 것과 벽돌 블록으로 장난치지 않겠다는 다짐을 받은 후 활동을 진행한다.

❷ 성벽이 완성되면 성경 이야기를 기억하며 성벽 주위를 한 바퀴 돈 후 제자리에 앉으라고 한다. 5회 더 반복한다.

❸ 7회째는 성벽 주위를 일곱 번 돌고 다 함께 큰 소리로 "하나님이 하세요!"라고 외친 후 아이들에게 성벽을 와르르 무너뜨리라고 한다.

❹ 승리를 주신 하나님을 찬양했던 이스라엘 백성처럼, 다 함께 "위대하고 강하신 주님" 찬양을 부르며 하나님께 영광 돌리는 시간을 갖는다.

> **tip** 인도자의 안내에 따라 역할극을 해 보아도 좋다.

> **인도자** 이스라엘 백성은 여리고성을 무너뜨리려고 노력할 필요가 없었어요. 하나님이 하셨거든요! **하나님은 이스라엘 백성을 약속의 땅으로 인도하셨어요.** 하나님은 이스라엘 백성에게 여리고성을 주셨어요. 마찬가지로 예수님은 믿는 자들을 천국으로

인도하시고 영원한 생명을 주세요. 우리는 스스로를 구원하려고 노력할 필요가 없어요. 그리고 노력한다고 해도 스스로를 구원할 수는 없답니다. 우리를 죄에서 구원하실 수 있는 분은 예수님뿐이세요.

간식

준비물 ▶ 나팔처럼 생긴 과자

❶ 카운트다운 영상, 정리하기 노래 등을 활용해 활동이 끝났음을 알린다. 아이들에게 주변을 정리하게 하고, 화장실에 가거나 물티슈 등을 이용해 손을 씻을 시간을 준다.

❷ 감사 기도를 드리고 나팔처럼 생긴 과자를 간식으로 나누어 준다. 제사장들이 나팔을 길게 불고 이스라엘 백성이 소리쳤을 때 하나님이 여리고성을 무너뜨리신 오늘의 성경 이야기를 정리해서 이야기해 준다.

❸ 간식을 먹은 후 마무리 정리를 잘하도록 지도한다.

마무리

준비물 ▶ 유치부 교재 39쪽 메시지 카드, 소그룹 활동지, 파일

❶ 이번 주 메시지 카드로 부모님과 함께 오늘 배운 성경 이야기를 나누어 보라고 한다.

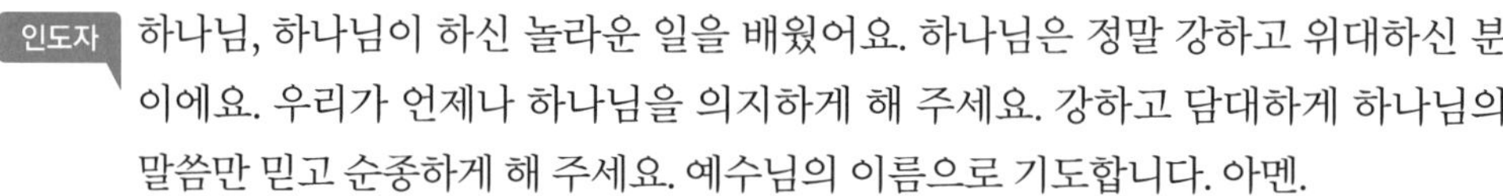

가족과 활동해요

• 베개나 상자로 성벽을 만들고, 주변을 돌다가 쓰러뜨리세요. 하나님이 여리고성을 어떻게 무너뜨리셨는지에 대해 이야기를 나누어 보세요.
• 집 주변을 산책하며 우리 가족과 이웃을 돌보시는 하나님을 생각해 보세요.

❷ 소그룹 활동지를 떼어 파일에 끼우고 가방에 정리하게 한다.

❸ 아이들을 위해 기도한다.

> **인도자** 하나님, 하나님이 하신 놀라운 일을 배웠어요. 하나님은 정말 강하고 위대하신 분이에요. 우리가 언제나 하나님을 의지하게 해 주세요. 강하고 담대하게 하나님의 말씀만 믿고 순종하게 해 주세요. 예수님의 이름으로 기도합니다. 아멘.

❹ 아이를 데리러 온 부모에게 아이가 특별히 즐거워했거나 잘했던 활동들에 대해 이야기해 주고, 가정에서 성경 읽기와 가족 활동을 진행할 수 있도록 격려한다.

 **나만의 기록장**

요단강을 마른 땅으로 건너는 이스라엘 백성 그리기

4

죄 때문에
아이성 전투에서
졌어요

주제	하나님은 아간의 죄를 벌하셨어요.
예수님 생각하기	아간이 지은 죄에 대한 벌은 죽음이었어요. 그가 지은 죄에 비해 너무 심한 벌 같다고요? 성경은 죄의 삯은 사망이라고 말해요(롬 6:23). 우리도 죄를 지어요. 우리는 죄를 지었기 때문에 벌을 받아야 해요. 하지만 예수님이 십자가에 달려 죽으심으로 우리 대신 벌을 받으셨어요. 하나님은 우리가 예수님을 믿을 때 우리의 죄를 용서해 주세요.
단원 암송	수 1:9
성경의 초점	우리가 믿어야 할 분은 누구이신가요? 우리는 하나님을 믿어요.

이스라엘 백성이 여리고를 정복했을 때 하나님은 아무것도 취하지 말라고 명령하셨습니다. 여리고성의 모든 것을 파괴하고 하나님을 위해 구별하라고 하셨습니다. 아마도 아간은 몇 가지를 따로 챙기더라도 아무도 모를 것이라고 생각했을 것입니다. 외투는 아름다웠고, 금과 은은 나중에 유용하게 쓸 법했습니다. 그는 별로 문제 될 것이 없다고 생각했습니다. 하지만 결코 그렇지 않았습니다. 하나님은 이스라엘 백성에게 완전한 순종을 요구하셨습니다.

아이성에서 3,000명쯤의 군대가 소수의 아이 사람들에게 패했을 때 여호수아가 얼마나 놀랐을지 상상해 보십시오. 이것은 하나님이 이스라엘 백성을 대적으로부터 보호하겠다고 하신 약속을 어기신 것이 아닙니까?

다음 날 하나님은 죄지은 자가 있으며, 그가 바로 아간이라는 사실을 밝히셨습니다. 이스라엘 백성은 아간과 가족을 돌로 쳐 죽였고, 그 위에 돌무더기를 쌓아 볼 때마다 죄의 결과를 기억했습니다.

이스라엘 백성은 다시 아이성 사람들과 전투를 벌였습니다. 이번에는 하나님이 이스라엘 백성과 함께하셨습니다. 하나님은 여리고성을 무너뜨리셨던 것처럼 아이성을 멸하셨습니다. 다만 이번에는 아이성을 약탈한 뒤 물건과 가축을 취할 수 있었습니다.

아간의 이야기는 하나님이 죄를 얼마나 미워하시는지를 보여 줍니다(잠 6:16~19 참조). 하나님은 공의로우셔서 죄를 벌하십니다. 나쁜 소식은 우리 모두가 죄인이며 '죄의 삯은 사망'이라는 것입니다. 그러나 좋은 소식이 있습니다. "하나님의 은사는 그리스도 예수 우리 주 안에 있는 영생이니라"(롬 6:23).

●● 티칭 포인트

이스라엘 백성과 함께하시는 하나님의 임재는 하나님에 대한 그들의 순종과 직접적으로 연결되어 있었습니다. 아이들에게 복음에 대해 가르칠 때 순종이 아니라 믿음만이 우리를 하나님 앞에서 의롭게 한다는 사실을 이해하도록 도와주십시오. 예수 그리스도를 믿는 믿음으로 인해 우리가 하나님과 항상 함께할 수 있고, 죄와 죽음이라는 대적에게 승리할 수 있게 되었다는 사실을 알려 주십시오.

죄 때문에 아이성 전투에서 졌어요

수 7~8장

여호수아와 이스라엘 백성은 약속의 땅에 도착했어요. 이제 이스라엘 백성은 약속의 땅 가나안에 살고 있는 사람들과 싸워 이겨야만 했어요. 하나님은 이스라엘과 함께하셨고 그들을 위해 싸우겠다고 약속하셨어요.

하나님은 이스라엘 백성이 여리고성을 정복하도록 도우셨어요. 또한 여리고성에서 어떻게 해야 할지를 자세하게 알려 주셨지요. 어떤 것을 없애고, 어떤 것을 하나님께 드려야 할지에 대해 말씀해 주셨어요.

그러나 이스라엘 백성은 하나님의 말씀에 완전하게 순종하지 않았어요. 누군가가 자신을 위해 몇 가지 물건을 챙긴 거예요. 하나님은 모든 것을 알고 계셨어요. 하나님은 이스라엘 백성에게 화가 나셨어요. 그래서 그들이 여리고보다 훨씬 작은 아이성에서 싸울 때 그들을 위해 싸우지 않으셨어요. 아이성의 군사들은 도망가는 이스라엘 백성을 뒤쫓아 가서 그들 중 일부를 죽게 했어요.

이스라엘 백성은 두려워했고, 여호수아는 슬퍼했어요. 그는 하나님이 왜 이스라엘이 전쟁에서 지도록 그냥 놔두셨는지 이해할 수가 없었어요. 하나님은 이렇게 말씀하셨어요. "이스라엘 백성이 죄를 지었다. 그들이 내 명령을 어기고 여리고성에서 물건을 가져갔다. 이것이 너희가 아이성 전투에서 진 이유다."

다음 날 이스라엘 백성이 모이자 하나님은 누가 죄를 지었는지 여호수아에게 보여 주

셨어요. 그의 이름은 아간이었어요. 아간은 자신이 여리고성에서 아름다운 외투와 금과 은 동전을 훔쳤다고 고백했어요. 아간은 훔친 물건들을 자신의 장막 안 땅속에 감추어 두었던 거예요. 아간과 그의 가족은 벌을 받았어요.

아간이 죄로 인해 벌을 받고 난 뒤 하나님은 여호수아에게 아이성을 다시 공격하라고 말씀하셨어요. 이번에는 그들에게 승리를 주겠다고 약속하셨지요.

여호수아는 군대를 모았고, 밤에 한 무리의 군사들을 보내 성 뒤에 숨어 있게 했어요. 다음 날 아침 일찍 나머지 군사들은 성을 향해 올라갔어요. 아이성의 왕은 이스라엘 군사들이 다가오는 모습을 보고는 군사들을 내보냈어요. 아이성의 군사들이 다가오자 이스라엘 군사들은 전날처럼 도망쳤어요. 그들이 두려워하는 척하자 아이성의 군사들은 이스라엘 군사들을 뒤쫓아 왔어요. 성 뒤편에 이스라엘 군대가 숨어 있는 줄 몰랐기 때문에 아이성의 모든 군사는 성을 완전히 비워 둔 채 성문까지 열어 놓고 이스라엘 군사들을 쫓았답니다.

여호수아가 단창을 들자 숨어 있던 군사들이 성안으로 들어가 불을 질렀어요. 아이성의 군사들이 속았다는 사실을 깨달았을 때는 이미 이스라엘 군대에게 패한 뒤였어요. 이스라엘 백성은 이번에는 하나님이 명하신 대로 행해 아이성을 정복할 수 있었어요.

여호수아는 하나님을 위해 제단을 세웠어

요. 이스라엘 백성은 하나님께 제사를 드렸고, 여호수아는 그곳에서 모세가 기록한 율법을 큰 소리로 읽었어요. 모든 사람이 모세가 이스라엘 백성에게 명령했던 율법을 들었어요.

●● 예수님 생각하기

아간이 지은 죄에 대한 벌은 죽음이었어요. 그가 지은 죄에 비해 너무 심한 벌 같다고요? 성경은 죄의 삯은 사망이라고 말해요(롬 6:23). 우리도 죄를 지어요. 우리는 죄를 지었기 때문에 벌을 받아야 해요. 하지만 예수님이 십자가에 달려 죽으심으로 우리 대신 벌을 받으셨어요. 하나님은 우리가 예수님을 믿을 때 우리의 죄를 용서해 주세요.

가스펠 준비

싱글벙글 ── 😊 환영해요

"강하고 담대하라"(지도자용 팩)를 튼다. 아이들을 반갑게 맞이하며 헌금과 기도를 도와준다. 예배 중 헌금 순서가 있다면 아이들이 헌금을 잘 간수하도록 돕는다. 가방과 외투를 정리하도록 안내한다. 새로 온 아이가 있다면 음수대와 화장실의 위치를 알려 주고, 보호자와 만나는 시간과 방법 등을 소개한다. 보호자들을 위한 안내문을 붙여 아이와 만나는 시간, 기다리는 장소, 헌금 방법, 아이에 대한 특별한 주의 사항을 교사에게 미리 알려 주기 등을 공지한다.

너랑 나랑 ── 😊 마음 열기

주제와 관련 있는 퍼즐이나 블록 등 아이들이 좋아하는 장난감을 몇 가지 비치해 두고 다양한 활동을 하며 예배를 준비하도록 돕는다. 아이들이 마음을 열고 오늘의 주제에 관심을 갖게 하며 예배에 집중할 수 있도록 도와준다. 교회 형편에 맞게 시간과 활동 방법을 조절한다.

어디에 있을까요?

❶ 그림에서 외투, 금, 은 동전을 찾아 ○표 하게 한다.

> **인도자** 잘 찾았어요! 우리는 그림에서 외투, 금, 은 동전을 찾았어요. 왜 찾았을까요? 오늘의 성경 이야기에 나오는 어떤 사람이 여리고성에서 외투, 금, 은 동전을 자기 집에 감추었거든요. 하나님이 아무것도 가져오지 말라고 말씀하셨는데도 말이지요. 그것은 죄였어요! 어떻게 해요! 그 사람이 지은 죄 때문에 이스라엘 백성에게 나쁜 일이 일어났어요. 이제 그가 누구인지, 어떤 일이 일어났는지 알아보도록 해요.

이야기 나누기

- 좋은 옷과 돈(금, 은)은 우리의 생활에 어떤 도움을 주나요?
- 하나님은 정직하지 못한 방법으로 좋은 물건을 얻는 것에 대해 어떻게 생각하실까요?

누가 갖고 있나요? *

❶ 아이들을 서로 마주 보고 둥글게 앉힌다.

❷ 한 아이를 술래로 정해 원 가운데 앉힌 후 눈가리개를 해 준다.

❸ 나머지 아이들 중 한 명에게 콩 주머니를 준다. 아이들에게 찬양이 나오는 동안 오른쪽에 앉은 친구에게 콩 주머니를 전달하다가 찬양이 멈추면 술래가 보지 못하도록 서둘러 감추어야 한다고 말해 준다.

❹ 찬양이 멈추면 술래는 눈가리개를 벗고 누가 콩 주머니를 갖고 있는지 알아맞혀야 한다는 게임의 규칙을 설명해 준다.

❺ 술래가 콩 주머니를 가진 아이를 알아맞힌 경우 콩 주머니를 갖고 있던 아이를 술래로 정해 게임을 반복한다. 알아맞히지 못한 경우에는 자원하는 아이를 술래로 정한다.

> **인도자** 술래는 누가 콩 주머니를 갖고 있는지 찾아야 했지요? 오늘 성경 이야기에 나오는 어떤 사람은 하나님이 여리고성에서 아무것도 가져오지 말라고 하셨는데 여러 물건들을 가져왔어요. 그와 가족은 어떻게 되었을까요? 이 죄 때문에 이스라엘 백성에게는 무슨 일이 생겼을까요?

예배 대형으로 모이기

- 카운트다운 영상, 모이기 노래 등을 활용해 예배 대형으로 바꾸고 마음을 준비하게 한다.
- 공간을 이동해야 한다면 숨은 물건을 두리번거리며 찾는 흉내를 내며 가도록 한다.

가스펠 설교

하나 — 들어가기

아이들이 차례대로 은색 동전을 살펴보게 한다.

오늘의 성경 이야기에서 누군가가 여리고성에서 물건을 가져왔어요. 그중에 하나가 은 동전이었지요. 하나님은 여리고성에서 아무것도 가져오지 말라고 하셨는데, 큰일 났네요! 결국 그 사람의 죄로 인해 나쁜 일이 일어났어요.

둘 — 성경 이야기

여호수아 7~8장을 편다. 설교 영상(지도자용 팩)을 보여 주거나 이야기 성경을 들려준다.

하나님은 성경에 하나님의 진리를 담아 주셨어요. 성경은 우리가 하나님에 대해 알아야 할 모든 것을 알려 주어요. 성경은 가장 중요한 책이에요.

셋 — 메시지와 정리

하나님께 불순종하는 것은 죄예요. 아간은 하나님의 명령에 불순종해서 여리고성에 있는 물건들을 가져왔어요. 그러나 아무도 하나님을 속일 수는 없어요. 이스라엘 백성은 아이성 전투에서 형편없이 지고 말았지요. **하나님은 아간의 죄를 벌하셨어요.** 아간이 지은 죄에 대한 벌은 죽음이었어요. 하나님은 죄를 벌하신 후 아이성을 이스라엘 백성에게 주셨어요. 성경은 죄의 삯은 사망이라고 말해요(롬 6:23). 죄를 지으면 죽는다는 뜻이에요. 우리도 죄를 지었기 때문에 벌을 받아야 해요. 하지만 예수님이 우리 대신 벌을 받으셨어요. 하나님은 우리가 예수님을 믿을 때 우리의 죄를 용서해 주세요.

연대표(지도자용 팩)를 가리키면서 복습 질문을 한다.

1. 이스라엘 백성이 여리고성보다 작은 아이성 전투에서 진 이유는 무엇인가요? 누군가가 하나님의 명령에 불순종해 여리고성에서 물건들을 가져오는 죄를 지었기 때문이다
2. 여리고성에서 외투, 금, 은 동전을 가져와 자신의 장막 안 땅속에 감추어 둔 사람은 누구인가요? 아간
3. 아간과 그의 가족은 어떻게 되었나요? 벌을 받아 죽었다
4. 두 번째 아이성 전투의 결과는 어떠했나요? 하나님이 함께하셔서 이겼다

넷 — 성경의 초점

아간은 하나님이 좋은 것을 주실 것을 믿지 못하고 자기 스스로 좋은 것을 가져왔어요. 아간은 하나님이 선하고 지혜로우신 분이라는 사실을 잊어버렸어요. **"우리가 믿어야 할 분은 누구이신가요?"**, **"우리는 하나님을 믿어요."** 하나님은 선하고 지혜로우신 분이에요. 하나님은 항상 우리에게 가장 좋은 것을 주세요.

다섯 — 복음 초청

성경과 65쪽 복음 초청 가이드를 이용해서 아이들에게 그리스도인이 되는 법을 설명해 준다. 따로 상담해 줄 사람을 정해 주고 궁금한 점이 있으면 물어보도록 격려한다.

이 시간 예수님을 믿고 마음에 모시고 싶은 친구는 함께 기도해요.

여섯 — 기도

하나님은 우리에게 항상 가장 좋은 것을 주기 원하시는 분이에요. 오늘도 우리와 함께해 주셔서 정말 감사해요. 우리에게 온전히 하나님께 순종하는 믿음을 허락해 주세요. 우리의 죄를 용서해 주신 예수님의 십자가 사랑에 감사드리며 예수님의 이름으로 기도합니다. 아멘.

일곱 — 암송송

성경에서 여호수아 1장 9절을 펴고 큰 소리로 여러 번 따라 읽게 한다.

이스라엘 백성은 아이성 전투에서 지자 두려움에 빠졌고, 여호수아는 슬퍼했어요. 그러나 하나님은 계속해서 이스라엘 백성과 함께하셨어요. 하나님은 그들의 죄를 보여 주셔서 죄에서 돌이켜 하나님께 순종하게 하셨어요. 때때로 우리는 하나님이 하시는 일을 이해할 수 없어요. 하지만 하나님은 언제나 우리와 함께하시고 항상 하나님의 선한 계획을 이루신다는 사실을 기억하세요.

암송송(132쪽)에 맞추어 손유희를 하며 말씀을 익힌다.

"내가 네게 명령한 것이 아니냐 강하고 담대하라 두려워하지 말며 놀라지 말라 네가 어디로 가든지 네 하나님 여호와가 너와 함께하느니라 하시니라"(수 1:9).

tip 전체 구절 암송이 어려운 경우에는 표시 부분을 발췌해 외워도 좋다.

승리의 길을 걸어요!

준비물 ▶ 유치부 교재 11쪽, 45쪽 '하트' 스티커, 색연필

이야기 나누기
- 이스라엘 백성은 왜 첫 번째 아이성 전투에서 졌나요?
- 우리가 지은 죄의 문제는 어떻게 해결되었나요?

❶ 아이성으로 가는 미로를 따라가 보라고 한다.

❷ 가는 길에 만나는 '거짓말', '욕심', '도둑질', '불순종' 등 '죄' 글자에 우리를 사랑하셔서 우리를 위해 십자가에서 피 흘려 돌아가신 예수님을 표시하는 '하트' 스티커를 붙여 죄를 없애 주라고 한다.

❸ 예수님이 우리의 죄를 해결해 주셨기 때문에 우리는 승리의 길을 걸을 수 있다고 말해 준다.

> **인도자** 이스라엘 백성은 아간의 죄 때문에 아이성 전투에서 졌어요. 한 사람의 죄가 모두에게 영향을 미친 거예요. 하지만 **하나님은 아간의 죄를 벌하신** 후 다음에 치른 전투에서는 이스라엘 백성에게 승리를 가져다주셨어요. 우리가 하나님을 믿을 때 우리의 죄가 해결되고 하나님께 온전히 순종할 수 있어요. 우리는 하나님의 사랑으로 죄를 용서받아요.

죄에 대해 이야기해요 ✳

준비물 ▶ 색인 카드, 색연필, 비닐 봉투

❶ 색인 카드에 색연필을 이용해 '죄'라고 써 둔다. '죄' 카드를 아이들의 수만큼 준비해 놓는다.

❷ 아이들과 함께 죄가 무엇이라고 생각하는지 자유롭게 이야기하는 시간을 갖는다.

❸ 하나님이 하지 말라고 하신 일을 하거나 하나님이 하라고 하신 일을 하지 않는 것이 죄라고 설명한다. 하나님

이 하지 말라고 하신 일, 즉 하나님이 싫어하시는 일은 어떤 것인지 아이들과 자세히 이야기를 나누어 본다.

> tip 아이들이 다른 사람의 죄에 대해 이야기하지 않고 바로 자기 자신의 죄에 대해 이야기할 수 있도록 유도한다.

❹ 이야기가 끝나 갈 즈음 아이들에게 '죄' 카드를 나누어 주고, 우리도 하나님이 싫어하시는 죄를 멀리하자고 말하며 '죄' 카드를 찢으라고 한다.

❺ 비닐 봉투에 찢어 버린 '죄' 카드를 한데 모으고, 활동이 끝난 후 정리한다.

> **인도자** 오늘의 성경 이야기에서 아간은 하나님이 하지 말라고 하신 일을 함으로써 죄를 지었어요. **하나님은 아간의 죄를 벌하셨어요.** 그 후 두 번째 아이성 전투에서 이스라엘 백성을 위해 싸우셨지요. 아간이 지은 죄에 대한 벌은 죽음이었어요. 그가 지은 죄에 비해 너무 심한 벌 같다고요? 성경은 죄의 삯은 사망이라고 말해요. 죄를 지으면 죽는다는 뜻이에요. 우리는 죄를 지어 죽어야 하는 사람들이지만 예수님이 우리 대신 벌을 받으셨어요. 우리가 예수님을 믿으면 하나님은 우리에게 죄가 전혀 없다고 여기세요. 하나도요! 우리의 죄는 우리가 찢어 버린 '죄' 카드처럼 사라져요. 우리가 예수님을 믿으면 하나님이 우리의 죄를 용서하신다는 사실을 꼭 기억하세요.

모래 속 보물을 찾아요 ✳

준비물 ▶ 큰 대야, 모래, 장난감 동전(은색 · 금색), 모래 놀이 도구, 일회용 식탁보

❶ 책상 위에 대형 비닐을 깐 뒤 큰 대야를 올려놓고 모래를 10cm 정도 높이로 채운다. 모래 속에 장난감 동전들(은색·금색)을 숨겨 둔다.

❷ 아이들에게 모래 놀이 도구를 이용해 모래 놀이를 하면서 숨겨진 동전들을 찾아보라고 한다.

❸ 동전들을 다 찾았으면 손을 깨끗이 씻을 수 있도록 지도한다.

> **인도자** 아간은 하나님이 여리고성에서 아무것도 가져오지 말라고 하신 말씀에 불순종해 물건들을 가져왔어요. 그리고 아무도 찾지 못하게 숨겼지요. **하나님은 아간의 죄를 벌하셨어요.** 성경은 죄의 삯은 사망이라고 말해요. 죄를 지으면 죽는다는 뜻이에요. 우리는 우리의 죄 때문에 죽을 수밖에 없어요. 하지만 그런 우리를 위해 예수님이 십자가에 달려 죽으셨어요. 우리 대신 벌을 받으신 거예요. 우리는 죄를 고백하고 예수님을 믿으면 죄를 용서받고 영적인 죽음, 즉 하나님과 멀어진 삶에서 구원받을 수 있어요.

❶ 카운트다운 영상, 정리하기 노래 등을 활용해 활동이 끝났음을 알린다. 아이들에게 주변을 정리하게 하고, 화장실에 가거나 물티슈 등을 이용해 손을 씻을 시간을 준다.

❷ 감사 기도를 드리고 시리얼과 우유를 간식으로 나누어 준다. 인도자가 간식을 먹으라고 할 때까지 기다려야 한다고 말해 준다. 잠시 후 간식을 먹으라고 한다. 간식을 먹지 않고 바라보고 있는 것이 어려웠는지 아이들에게 물어본다. 아간은 외투, 금, 은 동전을 보고는 갖고 싶어서 집으로 가져왔다고 설명해 준다. 하나님은 아간의 죄를 벌하셨고, 아간의 죄는 아간과 가족, 그리고 모든 이스라엘 백성에게 슬픔을 가져왔다고 설명해 준다.

❸ 간식을 먹은 후 마무리 정리를 잘하도록 지도한다.

❶ 이번 주 메시지 카드로 부모님과 함께 오늘 배운 성경 이야기를 나누어 보라고 한다.

가족과 활동해요

• 각자의 죄를 종이에 쓰고 찢은 뒤 예수님을 통해 우리를 완전히 용서하신 하나님께 감사 기도를 드리세요.

• 믿지 않는 가족과 이웃들이 죄에서 돌이켜 예수님을 믿게 해 달라고 기도하세요.

❷ 소그룹 활동지를 떼어 파일에 끼우고 가방에 정리하게 한다.

❸ 아이들을 위해 기도한다.

> **인도자** 하나님, 우리는 아간과 같은 죄인들이에요. 우리 같은 죄인들을 사랑해 주셔서 감사해요. 하나님은 우리를 정말 사랑하셔서 예수님을 보내 우리가 받아야 할 벌을 대신 받게 하셨어요. 우리가 하나님을 믿고, 또 예수님을 믿게 해 주세요. 예수님의 이름으로 기도합니다. 아멘.

❹ 아이를 데리러 온 부모에게 아이가 특별히 즐거워했거나 잘했던 활동들에 대해 이야기해 주고, 가정에서 성경 읽기와 가족 활동을 진행할 수 있도록 격려한다.

나만의 기록장

죄지은 순간을 그리고 그 위에 '예수님'이라고 쓰기

5

여호수아가 당부했어요

[수 23:1~24:28]

주제   여호수아는 이스라엘 백성에게 하나님만 섬기라고 말했어요.

예수님 생각하기   여호수아는 자신의 죽음을 준비하면서 오직 여호와만을 섬기라는 유언을 남겼어요. 예수님은 죽으시고 부활하신 후 제자들에게 나타나 유언을 남기셨어요. "너희는 가서 모든 민족을 제자로 삼아 아버지와 아들과 성령의 이름으로 세례를 베풀고 내가 너희에게 분부한 모든 것을 가르쳐 지키게 하라"(마 28:19~20)라는 말씀이었어요.

단원 암송   수 1:9

성경의 초점   우리가 믿어야 할 분은 누구이신가요? 우리는 하나님을 믿어요.

하나님이 가나안 땅을 점령하게 하신 지 오랜 후에 여호수아는 나이가 많아 늙었습니다(수 23:1). 그는 온 이스라엘 백성을 불러 권면했습니다.

먼저, 여호수아는 하나님이 이스라엘 백성을 위해 싸우신 것과 모든 약속을 신실하게 지키신 것을 상기시켰습니다(수 23:14). 그는 이스라엘 백성이 이 사실을 기억하고 하나님의 말씀을 따라 살기 원했습니다. "그러므로 너희는 크게 힘써 모세의 율법 책에 기록된 것을 다 지켜 행하라 그것을 떠나 우로나 좌로나 치우치지 말라"(수 23:6). 하나님의 말씀을 읽고, 묵상하고, 순종하는 것은 믿음의 증거입니다. 여호수아는 이스라엘 백성이 번영할 수 있었던 것은 하나님께 순종했기 때문임을 기억하기 원했습니다.

또한 여호수아는 이스라엘 백성에게 하나님이 약속하신 모든 좋은 것이 이루어진 것처럼 불순종의 대가에 대한 약속의 말씀도 모두 이루어질 것이라는 경고를 남겼습니다(수 23:12~13, 15).

여호수아는 하나님이 아브라함과 언약을 맺으신 바로 그 장소로 모든 사람을 불러 모았습니다(창 12:6~7). 그는 지도자들에게 이삭의 탄생에서부터 출애굽 사건에 이르는 과거를 상기시켰습니다. 여호수아는 "너희가 섬길 자를 오늘 택하라 오직 나와 내 집은 여호와를 섬기겠노라"(수 24:15)라고 말했습니다.

이스라엘 백성은 선택의 기로에 놓였습니다. 계속해서 여호와를 섬길 것인지, 아니면 다른 신들을 섬길지에 대한 선택이었습니다. 하나님의 신실하심에 대한 응답으로 이스라엘 백성은 하나님께 신실하겠다는 자신들의 언약을 새롭게 했습니다.

●● 티칭 포인트

여호수아가 남긴 하나님께 순종하라는 믿음의 유산에 대해 아이들과 나누면서 가장 위대한 유산은 예수 그리스도에게서 찾을 수 있다고 알려 주십시오. 예수님이 부활하신 이후에 제자들을 모든 나라와 족속으로 보내 예수님을 전하게 하셨다는 사실을 말해 주십시오. 예수님은 믿는 자들이 예수님을 전하기를 원하십니다.

여호수아가 당부했어요

수 23:1~24:28

여호수아와 이스라엘 백성이 여리고성과 아이성 등 가나안 땅의 적들을 물리친 후 많은 시간이 흘렀어요. 하나님은 이스라엘 백성에게 평화를 주셨고, 전쟁을 쉬도록 허락하셨어요. 이제 여호수아는 나이가 들었어요. 그는 모든 이스라엘 백성을 불러 모아 중요한 이야기를 했어요.

"저는 이제 나이가 들었습니다. 여러분은 하나님이 여러분을 위해 행하신 일들을 다 보았습니다. 여러분을 위해 싸우신 분은 여호와 하나님이십니다. 여러분, 제발 왼쪽이나 오른쪽으로 치우치지 말고 모세의 율법 책에 기록된 모든 것을 지키고 행하십시오. 만약 하나님이 명령하신 언약에 불순종하면 하나님이 여러분을 향해 불같이 진노하실 것이며, 하나님이 주신 이 아름다운 땅에서 곧 죽게 될 것입니다. 하나님을 믿으십시오. 저는 곧 죽을 것입니다. 기억하십시오. 하나님은 언제나 약속을 지키시는 분입니다."

여호수아는 이스라엘 백성에게 하나님이 과거에 그들을 위해 행하셨던 모든 일을 다시 생각나게 했어요. 하나님은 아브라함을 부르시고 이삭이라는 아들을 주셨어요. 이삭에게서와 야곱이라는 두 아들을 주셨어요. 그리고 이스라엘 백성을 이집트 사람들에게서 구원하셨어요. 하나님은 이스라엘 백성을 위해 아주 많은 놀라운 일을 행하셨어요!

여호수아는 사람들에게 선택하라고 했어요. "여러분, 하나님을 ★경외하고, 성실하고 진실하게 섬기십시오. 오직 한 분, 진짜 하나님께만 예배드리십시오. 그러나 만약 여러분의 마음에 여호와를 섬기는 일이 좋아 보이지 않거든 그때는 스스로 누구를 섬길 것인지 선택하십시오. 저와 저희 집은 여호와를 섬길 것입니다."

이스라엘 백성은 "우리는 결코 여호와를 버리고 다른 신들을 섬기지 않겠습니다! 우리는 하나님이 우리를 위해 행하신 일들을 알고 하나님을 사랑합니다! 우리는 여호와만 섬기겠습니다. 여호와가 우리의 하나님이 되시기 때문입니다"라고 대답했어요. 그러자 여호수아는 사람들에게 경고했어요. "만일 여러분이 여호와를 버리고 이방의 신들을 섬기면 하나님이 여러분에게 벌을 주실 것입니다." 그러자 이스라엘 백성은 "아닙니다! 우리는 여호와를 섬길 것입니다!"라고 말했어요.

그날 여호수아는 이스라엘 백성과 언약을 맺었어요. 여호수아는 이 모든 말씀을 하나님의 율법 책에 기록하고, 큰 돌을 가져다가 여호와의 성소 곁에 있는 상수리나무 아래에 세웠어요. 여호수아는 이렇게 말했어요. "이 돌이 여러분이 여호와를 섬기겠다는 증거가 될 것입니다. 하나님은 약속의 땅으로 여러분을 인도하겠다는 모든 약속을 지키셨습니다." 그

★경외 : 권위와 거룩함에 대해 피조물이 공경하는 마음에서 갖게되는 두려움

후 여호수아는 이스라엘 백성을 각자 집으로 돌려보냈어요.

●● 예수님 생각하기
여호수아는 자신의 죽음을 준비하면서 오직 여호와만을 섬기라는 유언을 남겼어요.

예수님은 죽으시고 부활하신 후 제자들에게 나타나 유언을 남기셨어요. "너희는 가서 모든 민족을 제자로 삼아 아버지와 아들과 성령의 이름으로 세례를 베풀고 내가 너희에게 분부한 모든 것을 가르쳐 지키게 하라"(마 28:19~20)라는 말씀이었어요.

가스펠
준비

싱글벙글 ─── 환영해요

"강하고 담대하라"(지도자용 팩)를 튼다. 아이들을 반갑게 맞이하며 헌금과 기도를 도와준다. 예배 중 헌금 순서가 있다면 아이들이 헌금을 잘 간수하도록 돕는다. 가방과 외투를 정리하도록 안내한다. 새로 온 아이가 있다면 음수대와 화장실의 위치를 알려 주고, 보호자와 만나는 시간과 방법 등을 소개한다. 보호자들을 위한 안내문을 붙여 아이와 만나는 시간, 기다리는 장소, 헌금 방법, 아이에 대한 특별한 주의 사항을 교사에게 미리 알려 주기 등을 공지한다.

너랑 나랑 ─── 마음 열기

주제와 관련 있는 퍼즐이나 블록 등 아이들이 좋아하는 장난감을 몇 가지 비치해 두고 다양한 활동을 하며 예배를 준비하도록 돕는다. 아이들이 마음을 열고 오늘의 주제에 관심을 갖게 하며 예배에 집중할 수 있도록 도와준다. 교회 형편에 맞게 시간과 활동 방법을 조절한다.

쑥쑥 자라요 ✱

❶ 사람은 누구나 아기로 태어나서 점점 자라 어린이가 되고, 시간이 흘러 청소년을 거쳐 어른이 되고, 또 할아버지, 할머니로 늙어 간다고 이야기해 준다.

❷ 아이들에게 쑥쑥 자라는 사람의 모습을 자유롭게 표현해 보라고 한다.

> 예) • 아기: 네 발로 기어 다닌다.
> - 어린이: 친구와 놀거나 장난감을 가지고 논다.
> - 청소년: 열심히 공부하는 흉내를 낸다.
> - 어른: 식사를 준비하거나 일하는 흉내를 낸다.
> - 할아버지, 할머니: 지팡이를 짚고 걷는 흉내를 낸다.

❸ 처음에는 각 단계를 천천히 표현해 보고, 다음에는 빨리, 그다음에는 더 빨리 표현할 수 있도록 도전해 활동에 재미를 더한다.

> `tip` 아이들을 각 단계별로 팀으로 나눈 뒤 활동해도 좋다. 예를 들어, 인도자가 "아기!"라고 외치면 '아기 팀'에 해당하는 아이들끼리 미리 정해 놓은 아기 흉내를 똑같이 내는 식이다.

> `인도자` 오늘의 성경 이야기에 나오는 여호수아는 나이가 많이 들었어요. 그는 자신이 곧 죽을 것을 알고 있었지요. 그는 죽기 전에 이스라엘 백성에게 중요한 메시지를 전했어요. 여호수아가 전한 메시지가 무엇인지 함께 들어 보아요.

콩 주머니 던지기 ✱　　준비물 ▶ 1단원 '성경 이야기 그림'(1~4과) (지도자용 팩), 콩 주머니, 컬러 박스 테이프 

❶ 예배실 바닥에 컬러 박스 테이프를 이용해 던지는 선을 표시해 둔다. 던지는 선에서 약 1m 떨어진 지점에 지난주까지 배운 1~4과의 '성경 이야기 그림'들을 펼쳐 놓는다.

> `tip` '성경 이야기 그림'들을 놓는 방식은 세로로 길게, 가로로 길게, 격자무늬 등 다양하게 해도 좋다.

❷ 아이들을 던지는 선 뒤로 한 줄로 길게 세운 뒤 맨 앞에 선 아이에게 콩 주머니를 주고 '성경 이야기 그림'들을 향해 던지라고 한다.

❸ 콩 주머니가 올라간 '성경 이야기 그림'을 보고 기억나는 내용을 말해 보라고 한다.

> `인도자` 우리가 배운 성경 이야기의 내용을 잘 기억하고 있네요! 정말 멋져요! 오늘의 성경 이야기에서 여호수아는 이스라엘 백성에게 하나님이 그들을 위해 행하신 일들을 기억하게 했어요! 여호수아가 무엇이라고 말했는지 함께 들어 볼까요?

 **예배 대형으로 모이기**

- 카운트다운 영상, 모이기 노래 등을 활용해 예배 대형으로 바꾸고 마음을 준비하게 한다.
- 공간을 이동해야 한다면 1단원의 '성경의 초점'을 암송하며 가도록 한다.

가스펠
설교

하나 — 들어가기

여러분은 중요한 이야기를 하고 싶을 때 어떻게 하나요? 소리를 지르면서 "내 말 좀 들어 봐!"라고 하나요? 오늘의 성경 이야기에서 여호수아는 죽음을 앞두고 이스라엘 백성에게 중요한 이야기를 했어요. 여호수아가 무엇이라고 말했는지 함께 알아보아요.

둘 — 성경 이야기

여호수아 23~24장을 편다. 설교 영상(지도자용 팩)을 보여 주거나 이야기 성경을 들려준다.

성경은 가장 중요한 책이에요. 성경은 하나님이 어떤 분이신지, 어떤 일을 하셨는지 알려 주어요. 성경은 하나님의 말씀이에요. 우리는 성경을 믿을 수 있어요. 성경은 모두 사실이니까요.

셋 — 메시지와 정리

죽음을 앞둔 **여호수아는 이스라엘 백성에게 하나님만 섬기라고 말했어요.** 이 장면은 예수님이 죽으시고 부활하신 뒤 하셨던 말씀을 생각나게 해요. 예수님은 많은 사람에게 예수님을 전하라고 제자들에게 당부하셨어요. "너희는 가서 모든 민족을 제자로 삼아 아버지와 아들과 성령의 이름으로 세례를 베풀고 내가 너희에게 분부한 모든 것을 가르쳐 지키게 하라"(마 28:19~20)라는 말씀이었지요. 우리도 친구와 이웃에게 예수님을 전할 수 있어요.

연대표(지도자용 팩)를 가리키면서 복습 질문을 한다.

1. 이스라엘 백성은 어떤 결정을 내려야 했나요? 누구를 섬길 것인지 선택해야 했다
2. 여호수아가 이스라엘 백성에게 준 두 가지 선택은 무엇이었나요? 하나님만 섬기는 것과 이방 신을 섬기는 것
3. 여호수아는 이스라엘 백성이 여호와를 버리고 이방의 신들을 섬기면 어떻게 될 것이라고 말했나요? 하나님이 그들에게 벌을 주실 것이다
4. 이스라엘 백성은 누구를 섬기기로 결정했나요? 하나님

넷 — 성경의 초점

여호수아는 이스라엘 백성에게 하나님이 그들을 위해 행하신 놀라운 일들을 떠올려 주었어요. 하나님은 자신이 약속을 반드시 지킨다는 사실을 보여 주셨어요. **우리가 믿어야 할 분은 누구이신가요? 우리는 하나님을 믿어요.** 하나님은 우리를 위해 놀라운 일들을 행하세요. 하나님이 우리를 위해 행하신 가장 놀라운 일은 구원자이신 예수님을 보내 주신 거예요. 하나님은 예수님을 보내심으로써 자신이 모든 일에 신실하다는 것을 보여 주셨어요.

다섯 — 복음 초청

성경과 65쪽 복음 초청 가이드를 이용해서 아이들에게 그리스도인이 되는 법을 설명해 준다. 따로 상담해 줄 사람을 정해 주고 궁금한 점이 있으면 물어보도록 격려한다.

이 시간 예수님을 믿고 마음에 모시고 싶은 친구는 함께 기도해요.

여섯 — 기도

하나님, 여호수아는 놀라운 일들을 행하신 하나님만 섬기기로 선택했어요. 우리도 하나님이 우리를 위해 예수님을 보내 주신 놀라운 사랑을 생각하면서 하나님만 섬길 수 있도록 도와주세요. 우리가 하나님께 순종하고, 하나님이 예수님을 통해 우리에게 행하신 일들을 다른 사람들에게 전할 수 있게 도와주세요. 사랑해요. 예수님의 이름으로 기도합니다. 아멘.

일곱 — 암송송

성경에서 여호수아 1장 9절을 펴고 큰 소리로 여러 번 따라 읽게 한다.

하나님은 하나님의 백성과 함께하기 원하세요. 하나님은 언제 어디서나 우리와 함께하세요. 좋을 때도, 나쁠 때도 말이지요. 그러므로 우리는 두려워하거나 슬퍼할 필요가 없어요. 기억하세요. 하나님은 이스라엘과 함께하셨듯이 우리가 어디를 가든지 우리와 항상 함께하신답니다.

암송송(132쪽)에 맞추어 손유희를 하며 말씀을 익힌다.

"내가 네게 명령한 것이 아니냐 강하고 담대하라 두려워하지 말며 놀라지 말라 네가 어디로 가든지 네 하나님 여호와가 너와 함께하느니라 하시니라"(수 1:9).

tip 전체 구절 암송이 어려운 경우에는 표시 부분을 발췌해 외워도 좋다.

알콩달콩 말씀 놀이

무엇을 기억해야 할까요?

준비물 ▶ 유치부 교재 13쪽, 35쪽 '마음의 문' 그림, 45쪽 '하나님' 스티커, 풀, 색연필

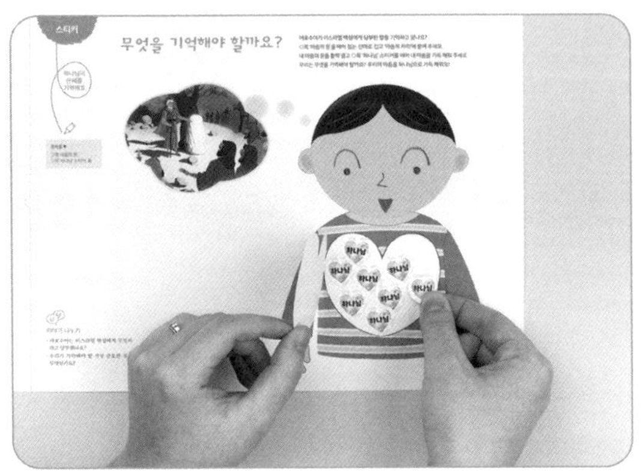

이야기 나누기
- 여호수아는 이스라엘 백성에게 무엇
  이라고 당부했나요?
- 우리가 기억해야 할 가장 중요한 것은
  무엇인가요?

❶ 여호수아가 이스라엘 백성에게 당부한 말을 기억하고 있는지 물어보고, 여호수아의 당부를 생각하고 있는 내 모습을 그려 보라고 한다.

❷ 유치부 교재 35쪽 '마음의 문' 그림을 떼어 접는 선대로 접고 풀을 이용해 '마음의 자리'에 붙이라고 한다.

❸ 내 마음의 문을 활짝 열고 45쪽 '하나님' 스티커를 떼어 내 마음을 가득 채우라고 한다. 우리의 마음을 하나님으로 가득 채우자고 말한다.

> 인도자 **여호수아는** 죽음을 앞두고 모든 **이스라엘 백성에게** 중요한 이야기를 전했어요. 하나님이 이스라엘 백성을 위해 행하신 놀라운 일들을 기억하게 했고, 언제나 하나님의 백성을 지켜 주신 **하나님만 섬기라고 말했어요.**
>
> 하나님이 우리에게 행하신 가장 놀라운 일은 예수님을 보내 주신 거예요. 죽으시고 부활하신 예수님도 하늘로 올라가시기 전에 아주 중요한 이야기를 해 주셨어요. 세상의 모든 사람에게 하나님이 세상을 정말 사랑해서 보내신 예수님을 전하며 살라고 하셨답니다. 우리도 친구와 이웃에게 예수님을 전할 수 있어요.

나만의 성경책을 만들어요 *

준비물 ▶ 다양한 모양과 종류의 성경책, A4 크기의 색 도화지
(그림을 그릴 수 있는 밝은 색), 색연필, 사인펜

❶ 아이들에게 다양한 모양과 종류의 성경책을 보여 주고 살펴볼 수 있도록 지도한다.

❷ A4 크기의 색 도화지를 나누어 준 뒤 반으로 접어 '책'처럼 만들고 '책' 앞 장(표지 부분)에 십자가를 그리게 한다.

❸ '책'을 펼친 후 하나님이 나를 위해서 행하신 일(예수님을 보내 주신 것)을 그림으로 표현해 보게 한다.

> tip 글씨를 쓸 줄 아는 아이의 경우 하나님이 어떤 분이신지 써 보게 해도 좋다.

❹ 맨 뒷장(뒤표지 부분)에 이름을 쓰고 '나만의 성경책'을 완성하게 한다.

> **인도자** 여기 있는 성경책들은 모양과 종류는 다르지만 다 똑같이 하나님의 말씀을 전하고 있어요. 성경은 우리에게 하나님이 어떤 분이신지, 그리고 우리를 위해 어떤 일을 행하셨는지 이야기해 주어요. 하나님이 하나님의 사람들을 위해 행하신 놀라운 일들을 알면 우리는 하나님께 예배하고 순종하게 된답니다. **여호수아는 이스라엘 백성에게 하나님만 섬기라고 말했어요.** 우리 주변에 아직 하나님을 알지 못하는 친구나 이웃이 있나요? 예수님은 많은 사람들에게 예수님을 전하라고 제자들에게 당부하셨어요. 우리도 친구와 이웃에게 예수님을 전할 수 있어요.

카드로 예수님을 전해요 ＊ ┄┄┄┄┄ 준비물 ▶ A4 크기의 도화지, 꾸미기 도구(색연필, 사인펜, 스티커 등)

❶ 아이들에게 예수님을 전하고 싶은 사람을 떠올려 보라고 한다.

❷ 예수님을 전하려면 어떤 그림이 좋을지, 무슨 말을 해야 할지 이야기를 나누어 보고 A4 크기의 도화지에 글과 그림으로 표현해 보도록 지도한다.

 tip 글씨 쓰기를 어려워하는 아이가 있다면 교사가 도와준다.

❸ 도화지를 반으로 접어 '카드'로 만들고 꾸미는 도구를 이용해 장식하는 시간을 갖는다.

❹ '카드'를 직접 전달하거나 우편을 이용해 보낼 수 있도록 가정에 공지한다.

> **인도자** **여호수아가 이스라엘 백성에게 하나님만 섬기라고 말한** 것처럼, 예수님도 많은 사람에게 예수님을 전하라고 제자들에게 당부하셨어요. 우리도 친구와 이웃에게 예수님을 전해서 그들이 예수님을 섬기도록 할 수 있어요.

대예배실에 가 보아요 ＊ ┄┄┄┄┄┄┄┄┄┄┄┄┄┄┄┄┄┄┄┄┄┄┄┄┄┄┄┄┄┄┄┄┄┄┄┄┄┄

❶ 아이들을 데리고 어른들의 예배 장소로 간다. 예배를 드리는 중이라면 조용히 하도록 주의를 준다. 예배 장소가 비어 있다면 천천히 둘러본다.

 tip 미리 목회자를 통해 예배드리는 성도들에게 공지해 예배에 방해가 되지 않도록 조치한다.

❷ 아이들에게 성도들이 한자리에 모여 하나님을 기억하고 하나님께 예배드리는 장소라고 설명해 준다.

> **인도자** **여호수아는** 모든 **이스라엘 백성에게** 중요한 메시지를 전했어요. 하나님이 이스라엘 백성을 위해 행하신 놀라운 일들을 기억하게 했고, 언제나 하나님의 백성을 지켜주신 **하나님만 섬기라고 말했어요.** 하나님의 자녀들인 우리는 이곳에 모여 하나님께 예배를 드리고, 하나님이 예수님을 통해 우리에게 행하신 일을 기억해요. 그리고 우리는 어디에 있든지 사람들에게 예수님을 전한답니다.

간식

준비물 ▶ 고구마말랭이, 우유, 접시

❶ 카운트다운 영상, 정리하기 노래 등을 활용해 활동이 끝났음을 알린다. 아이들에게 주변을 정리하게 하고, 화장실에 가거나 물티슈 등을 이용해 손을 씻을 시간을 준다.

❷ 감사 기도를 드리고 고구마말랭이와 우유를 간식으로 나누어 준다. 이 간식의 이름은 '고구마말랭이'라고 말해 준 뒤 이름을 기억해 놓으라고 한다. 간식을 다 먹을 때쯤 간식의 이름을 물어본다. 기억하는 아이가 있다면 칭찬해 주고, 기억하지 못하는 아이들은 격려해 준다. 무엇인가를 기억하는 일은 쉬운 일이 아니며, 무엇보다 하나님을 기억하는 것이 가장 중요하다고 말해 준다.

❸ 간식을 먹은 후 마무리 정리를 잘하도록 지도한다.

마무리

준비물 ▶ 유치부 교재 41쪽 메시지 카드, 소그룹 활동지, 파일

❶ 이번 주 메시지 카드로 부모님과 함께 오늘 배운 성경 이야기를 나누어 보라고 한다.

가족과 활동해요

- 1~5과에서 배웠던 성경 이야기들을 복습하고, 하나님의 선하심이 어떻게 나타났는지에 대해 이야기를 나누어 보세요.
- 가정 예배를 드리세요.
- 다른 나라에서 복음을 전하고 있는 선교사님들께 격려의 편지나 이메일을 써 보세요.

❷ 소그룹 활동지를 떼어 파일에 끼우고 가방에 정리하게 한다.

❸ 아이들을 위해 기도한다.

> **인도자** 하나님, 우리를 위해 놀라운 일들을 행해 주셔서 감사드려요! 우리가 하나님께 순종하고, 하나님이 예수님을 통해 우리에게 행하신 일들을 친구와 이웃에게 전할 수 있게 도와주세요. 예수님의 이름으로 기도합니다. 아멘.

❹ 아이를 데리러 온 부모에게 아이가 특별히 즐거워했거나 잘했던 활동들에 대해 이야기해 주고, 가정에서 성경 읽기와 가족 활동을 진행할 수 있도록 격려한다.

 **나만의 기록장**

하나님을 예배하는 내 모습 그리기

나를 위한 하나님의 멋진 계획

'복음'이라는 말을 들어 본 적 있니? 복음이란 '좋은 소식'이라는 뜻이야. 우리에게 보내신 하나님의 좋은 소식이 무엇일까?

하나님은 세상을 만드셨단다

하나님이 세상을 만드시고, 사람을 만드셨어. 그리고 사랑하셨지.
(창 1 : 1; 골 1 : 16~17; 계 4 : 11)

사람들은 죄를 짓고 하나님을 떠났어

그런데 사람들이 죄를 지어서 하나님과 함께 살 수 없게 되었어.
결국 죽을 수밖에 없게 되었지.
(롬 3 : 23, 6 : 23)

하나님은 구원 계획을 갖고 계신단다

하나님은 우리를 사랑하셔서 하나님과 함께 살기 원하셨어.
그래서 우리(너)를 위한 놀라운 계획을 세우셨단다.
(요 3 : 16; 엡 2 : 8~9)

예수님이 우리에게 생명을 주셨어

하나님은 아들 예수님을 보내셨고, 예수님은 우리 죄를 대신해 십자가에서 죽으시고, 3일 만에 다시 살아나셨어. 우리에게 영원한 생명을 주시고 하나님과 함께 살 수 있는 길을 열어 주신 거야.
(롬 5 : 8; 고후 5 : 21; 벧전 3 : 18)

예수님! 우리의 마음에 오세요!

예수님을 믿고 마음에 받아들이면 하나님의 자녀가 된단다.
이것이 가장 좋은 소식, 복된 소식, 복음이란다.
(요 1 : 12~13; 롬 10 : 9~10, 13)

예수님을 영접하기 원하는 어린이가 있다면 개인적으로 상담하고 영접 기도를 할 수 있도록 도와주세요.

예수님이 ○○를 사랑하시는 것을 믿겠니?
예수님이 ○○의 죄를 씻어 주신 것을 믿겠니?
예수님을 ○○의 마음에 받아들이겠니?

믿음을 고백하고 예수님을 영접하기 원하는 어린이를 위해 간절히 기도해 주세요.

이제 ○○는 하나님의 자녀(아들, 딸)가 되었어!
이것이 예수님을 통해 ○○에게 이루어 주신 하나님의 계획이야!
○○야, 하나님의 자녀(아들, 딸) 된 것을 축하해!

다스리시는 하나님

하나님의 백성이 계속해서 죄의 악순환을 반복했기 때문에 하나님은 사사들을 세우셔서 그들을 하나님께로 되돌리셨습니다. 사사들이 살아 있는 동안에 하나님은 사사들을 통해 하나님의 백성을 대적들로부터 구해 주셨습니다. 하지만 사사가 죽고 나면 이스라엘 백성은 다시 죄에 빠져들었고, 고통 속에서 또 다른 사사를 통한 구원을 갈구했습니다.

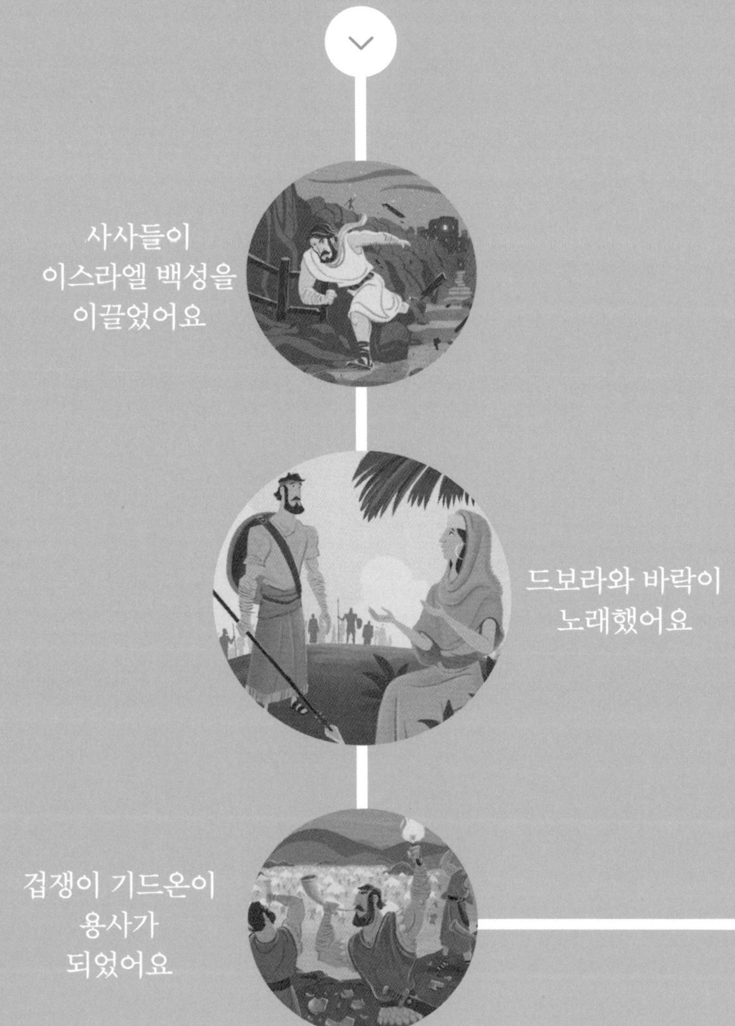

사사들이
이스라엘 백성을
이끌었어요

드보라와 바락이
노래했어요

겁쟁이 기드온이
용사가
되었어요

하나님이
사무엘에게
말씀하셨어요

룻과 나오미를
보살펴 주셨어요

삼손에게
다시
힘을 주셨어요

어지러운 세상

카운트다운 영상(지도자용 팩)은 예배 대형으로 모이거나 대형을 바꾸며 준비할 시간을 알리는 데 활용한다. 익숙해질 때까지 중간에 남은 시간을 알리는 것도 좋다.

예) "1분 전입니다", "30초 전입니다. 마음을 가다듬고 기도하며 하나님께 나아갑시다" 등.

대저 여호와는 우리 재판장이시요 여호와는 우리에게 율법을 세우신 이요 여호와는 우리의 왕 이시니 그가 우리를 구원하실 것임이라(사 33:22).

이사야 33:22

원곡 : 나는 숲속의 음악가(독일 민요)

작곡 : 미상
편곡 : 김효정

6 사사들이 이스라엘 백성을 이끌었어요

주제	이스라엘 백성은 오직 한 분, 진짜 하나님을 잊어버렸어요.
예수님 생각하기	이스라엘 백성은 죄를 지었고, 사사들은 그들이 하나님께 순종하도록 도왔어요. 그러나 사사들은 이스라엘 백성의 마음을 바꾸어 그들이 하나님을 사랑하게 만들 수는 없었어요. 하나님은 계획을 갖고 계셨어요. 하나님의 계획은 아들이신 예수님을 보내 사람들의 마음을 바꾸시고, 그들을 죄에서 영원히 구원하시는 것이었어요.
단원 암송	사 33:22
성경의 초점	하나님은 어떻게 하나님의 계획을 이루시나요? 하나님은 하나님의 계획을 위해 사람들을 사용하세요.

여호수아가 죽고 난 후 이스라엘에는 지도자가 없었습니다. 사람들은 각각의 사사가 통치할 때마다 죄악의 악순환 속으로 반복해 빠져들어 갔습니다. 그 악순환은 'A(죄)-B(고통:속박)-C(회개:부르짖음)-D(구원:사사)-E(평화)' 패턴으로 반복되었습니다. 그 패턴을 이해할 수 있도록 첫 번째 사사 옷니엘 때의 일을 살펴보겠습니다(삿 3:7~11).

첫 번째(A), 이스라엘 백성은 하나님께 등을 돌리고 다른 신들을 섬겼습니다. 두 번째(B), 하나님이 이스라엘 백성에게 진노하심으로 그들을 아람 왕의 손에 파셔서 그들은 속박당하고 고생하게 되었습니다. 세 번째(C), 고통스러웠던 이스라엘 백성은 하나님께 부르짖었습니다. 네 번째(D), 하나님은 그들을 구원하기 위해 구원자 옷니엘을 사사로 보내셨습니다. 다섯 번째(E), 이스라엘 백성은 그 땅에서 40년간 평온히 거하게 되었고, 후에 옷니엘은 죽음을 맞이했습니다.

이러한 패턴은 두 번째 사사 에훗 때에도 계속되었습니다. 이스라엘 백성은 다시 하나님께 등을 돌렸고, 진노하신 하나님은 모압 왕을 강하게 만드셔서 이스라엘을 속박하게 하셨습니다. 이스라엘 백성은 18년 동안 모압 왕을 섬겨야 했습니다. 모압 사람들은 늘 풍족하게 먹곤 했습니다. 그들은 이스라엘 백성이 굶을 때에도 그들이 일해 상납한 과일들을 배불리 먹었습니다.

사사 에훗은 좌우에 날 선 칼을 숨긴 채 왕을 독대하는 가운데 왕의 배를 찔러 죽인 후 빠져나왔습니다. 이후 이스라엘은 모압 족속을 물리쳤고, 그 땅은 80년 동안 평온했습니다. 그러나 에훗이 죽자 이스라엘 백성에게는 그들을 인도할 또 다른 사사가 필요했습니다.

이스라엘 백성은 사사보다 더 나은 존재를 필요로 했습니다. 그들에게는 자신들이 지은 죄의 결과뿐 아니라 죄 자체로부터 구원해 줄 왕이 필요했습니다. 하나님은 구원자를 보내셨습니다. 하나님의 아들이신 예수님은 우리의 죄를 위해 죽으셨고, 죄와 죽음의 권세로부터 우리를 완전히 구원하셨습니다.

● ● 티칭 포인트

아이들에게 이스라엘 백성이 하나님께 저지른 죄가 무엇인지 정확하게 알려 주십시오. 그들은 우상을 숭배함으로 하나님을 배신했습니다. 사사 시대에 그들은 끊임없이 죄악과 회복의 악순환을 반복했습니다. 우리도 죄를 짓고 회개하는 일을 반복합니다. 우리에게 죄의 문제를 완전히 해결해 줄 구원자가 필요하다는 것을 아이들에게 가르쳐 주십시오.

사사들이 이스라엘 백성을 이끌었어요

삿 3:7~31

여호수아는 나이가 많아 죽었어요. 여호수아와 같은 강력한 인도자가 사라지자, 이스라엘 백성은 하나님께 불순종하고 가짜 신들을 섬겼어요. 그들은 하나님이 오직 한 분, 진짜 하나님이시라는 사실을 잊어버렸어요. 이스라엘 백성이 하나님께 불순종하자 이제 그들에게는 더 이상 좋은 일이 일어나지 않았어요. 하나님은 이스라엘 백성이 하나님을 사랑하고 하나님께 순종하기를 원하셨어요. 그래서 그들에게 '사사'라는 지도자를 보내 주셨지요.

사사가 이스라엘 백성을 인도하자, 그들은 하나님께 순종했어요. 그러나 사사가 죽자 다시 하나님을 잊어버렸고, 나쁜 일들이 일어나기 시작했어요. 그러면 이스라엘 백성은 하나님께 도와 달라고 부르짖었어요. 그때 하나님은 다른 사사를 보내 주셨지요.

옷니엘은 첫 번째 사사였어요. 하나님은 옷니엘과 함께하셨어요. 옷니엘은 이스라엘 백성을 이끌고 전쟁에 나갔어요. 하나님은 이스라엘에게 승리를 주셨어요. 그 땅은 40년 동안 평안했어요.

그러나 옷니엘이 죽어 인도자가 사라지자, 이스라엘 백성은 또다시 하나님을 잊어버렸어요. 하나님은 모압 왕을 보내셨고, 이스라엘이 전쟁에서 지게 하셨어요. 이스라엘 백성은 모압 왕을 18년 동안 섬겼어요. 이스라엘 백성은 슬퍼했어요. 자신들이 하나님을 사랑하고 하나님께 순종했던 때를 떠올렸지요. 그

들은 하나님께 "우리를 구원해 주십시오!" 하고 부르짖었어요. 그때 하나님이 에훗을 사사로 세워 그들을 구원하셨어요.

이스라엘 백성은 에훗을 모압 왕에게 보냈어요. 에훗은 날카로운 칼을 만들어 옷 속에 숨기고는 모압 왕을 만나러 갔어요. 모압 왕은 매우 뚱뚱한 사람이었어요. 에훗은 왕에게 이렇게 말했어요. "왕께 비밀스러운 이야기를 해 드리겠습니다." 왕은 사람들을 내보내고 혼자서 에훗을 만났어요. 왕이 일어서자 에훗은 손을 옷 속에 넣어 칼을 꺼내 왕을 죽게 했어요. 그리고 도망치면서 문들을 뒤에서 닫아 잠갔어요.

에훗이 도망치고 나서 신하들이 들어왔어요. 신하들은 잠긴 문이 열리기를 기다렸어요. 오래 기다려도 왕이 나오지 않자 걱정이 되어 문을 열었어요. 그런데 왕이 땅에 엎드러져 죽어 있었어요! 도망친 에훗은 나팔을 불었고 이스라엘의 지도자가 되었어요. 이스라엘 백성은 모압 사람들과 싸워서 이겼어요. 그리고 그 땅은 80년 동안 평온했어요.

에훗이 죽은 후 하나님은 세 번째 사사로 삼갈을 세우셨어요. 그는 소 모는 막대기로 블레셋 사람 600명을 죽게 했고, 이스라엘을 구원했어요.

● ● 예수님 생각하기

이스라엘 백성은 죄를 지었고, 사사들은 그들

이 하나님께 순종하도록 도왔어요. 그러나 사사들은 이스라엘 백성의 마음을 바꾸어 그들이 하나님을 사랑하게 만들 수는 없었어요. 하나님은 계획을 갖고 계셨어요. 하나님의 계획은 아들이신 예수님을 보내 사람들의 마음을 바꾸시고, 그들을 죄에서 영원히 구원하시는 것이었어요.

가스펠 준비

싱글벙글 😀 환영해요

"다스리소서"(지도자용 팩)를 튼다. 아이들을 반갑게 맞이하며 헌금과 기도를 도와준다. 예배 중 헌금 순서가 있다면 아이들이 헌금을 잘 간수하도록 돕는다. 가방과 외투를 정리하도록 안내한다. 새로 온 아이가 있다면 음수대와 화장실의 위치를 알려 주고, 보호자와 만나는 시간과 방법 등을 소개한다. 보호자들을 위한 안내문을 붙여 아이와 만나는 시간, 기다리는 장소, 헌금 방법, 아이에 대한 특별한 주의 사항을 교사에게 미리 알려 주기 등을 공지한다.

너랑 나랑 😊 마음 열기

주제와 관련 있는 퍼즐이나 블록 등 아이들이 좋아하는 장난감을 몇 가지 비치해 두고 다양한 활동을 하며 예배를 준비하도록 돕는다. 아이들이 마음을 열고 오늘의 주제에 관심을 갖게 하며 예배에 집중할 수 있도록 도와준다. 교회 형편에 맞게 시간과 활동 방법을 조절한다.

반복해서 찬양해요 *

❶ 아이들과 율동이 있는 찬양을 한 곡 골라 함께 부르며 율동한다.
❷ 찬양이 끝날 때마다 "다시 한 번!"이라고 큰 소리로 외친 뒤 똑같은 찬양과 율동을 다시 하자고 말한다.
❸ 아이들이 지친 기색을 보일 때까지 반복해서 똑같은 찬양과 율동을 한다.

> 인도자 똑같은 일을 반복하는 것이 재미있을 때도 있지만 지칠 때도 있어요. 우리가 방금 활동한 것처럼요! 그리고 똑같은 일을 반복하는 것이 때로 잘못인 경우도 있답니다. 오늘부터 몇 주 동안은 이스라엘 백성이 똑같은 일을 반복했던 이야기에 대해 배울 거예요. 어떤 일이 있었는지 함께 알아보아요.

어떤 차가 필요할까요? ✻

❶ '차' 카드와 '상황' 카드(지도자용 팩)를 두꺼운 도화지에 프린트해 잘라 준비한다. 이때 '차' 카드는 책상 왼쪽에, '상황' 카드는 책상 오른쪽에 펼쳐 둔다.

❷ 아이들에게 한 명씩 차례로 나와 '상황' 카드를 한 장 뽑은 후 카드에 대해 설명해 보라고 한다.

> **tip** 설명하기 어려워하는 아이가 있다면 인도자가 적절한 질문을 던져 스스로 이야기할 수 있도록 도와준다.

예) "차를 움직일 수 있을까요?", "어떤 도움이 필요할까요?" 등.

❸ 설명이 끝난 후 '상황' 카드에 필요한 '차' 카드는 어떤 것인지 아이에게 골라 보라고 한다.

❹ 아이들이 카드를 모두 맞출 때까지 게임을 계속한다.

> **tip** 7과 "너랑 나랑 마음 열기"에서 다시 활용될 수 있으므로 카드를 잘 보관해 둔다.

> **인도자** 우리가 뽑은 카드에는 여러 종류의 차들이 그려져 있었어요. 우리에게 다양한 도움을 주는 차들이지요. 만약 이 차들이 없다면 우리는 큰 어려움을 겪게 되겠지요? 오늘부터 몇 주간 배울 성경 이야기에서 이스라엘 백성은 계속해서 무엇인가를 필요로 했어요. 그때 하나님은 차가 아니라 그들을 도와줄 사람들을 보내셨어요. '사사'라고 불리는 사람들이었지요.

 **예배 대형으로 모이기**

- 카운트다운 영상, 모이기 노래 등을 활용해 예배 대형으로 바꾸고 마음을 준비하게 한다.
- 공간을 이동해야 한다면 우리를 도와주는 다양한 사람들(소방관, 경찰관, 환경미화원, 의사 등)을 흉내 내며 가도록 한다.

가스펠 설교

 들어가기

여러분에게 무엇이 맞고, 무엇이 틀린지 말해 주는 사람은 누구인가요? 여러분이 해야 할 일을 알려 주는 사람은 누구인가요? 부모님이신가요, 선생님이신가요, 다른 어른들이신가요? 아니면 친구들인가요? 오늘의 성경 이야기에서 이스라엘 백성은 잘못을 저질렀어요. 그래서 잘못한 대가로 고통을 겪어야 했지요. 하지만 하나님은 사람들을 보내 이스라엘 백성을 고통에서 구해 주셨고, 해야 할 일을 알려 주셨어요. 그들은 '사사'라고 불렸어요.

 성경 이야기

사사기 3장을 편다. 설교 영상(지도자용 팩)을 보여 주거나 이야기 성경을 들려준다.

성경과 같은 책은 없어요. 성경은 하나님의 말씀이기 때문이에요. 성경에는 하나님의 진리의 말씀이 들어 있어요. 오늘의 성경 이야기는 '사사기'에 나와요.

 메시지와 정리

이스라엘 백성은 오직 한 분, 진짜 하나님을 잊어버렸어요. 그들은 하나님께 불순종했고, 나쁜 일들이 일어났어요. 이스라엘 백성은 하나님께 도와 달라고 부르짖었어요. 그때 하나님이 그들에게 사사를 보내셨어요. 그러나 사사가 죽자 이스라엘 백성은 다시 하나님을 잊고 똑같은 일을 반복했어요.

연대표(지도자용 팩)를 가리키면서 복습 질문을 한다.

1. 하나님이 이스라엘 백성을 위해 세우신 지도자는 무엇이라고 불렸나요? 사사
2. 사사가 이스라엘 백성을 이끌자 어떤 일이 일어났나요? 이스라엘 백성이 하나님께 순종했고 평안을 누렸다
3. 사사가 죽은 뒤 어떤 일이 일어났나요? **이스라엘 백성은 오직 한 분, 진짜 하나님을 잊어버렸어요**
4. 하나님을 잊어버린 이스라엘 백성에게 어떤 일이 생겼나요? 적의 공격을 받아 고통을 겪었다

넷 — 성경의 초점

새로운 '성경의 초점' 질문을 알려 줄게요. **"하나님은 어떻게 하나님의 계획을 이루시나요?"** 답은 **"하나님은 하나님의 계획을 위해 사람들을 사용하세요"**랍니다. 이제부터 잘 기억하도록 해요. **이스라엘 백성은 오직 한 분, 진짜 하나님을 잊어버렸어요.** 이스라엘 백성은 죄를 지었고, 하나님은 사사들을 사용하셨어요. 사사들은 이스라엘 백성이 하나님께 순종하도록 도왔어요. 하나님의 계획은 사람들을 죄에서 영원히 구원하시는 거예요.

다섯 — 복음 초청

성경과 65쪽 복음 초청 가이드를 이용해서 아이들에게 그리스도인이 되는 법을 설명해 준다. 따로 상담해 줄 사람을 정해 주고 궁금한 점이 있으면 물어보도록 격려한다.

이 시간 예수님을 믿고 마음에 모시고 싶은 친구는 함께 기도해요.

여섯 — 기도

하나님, 우리는 하나님을 사랑하지 못하고 하나님께 불순종했어요. 그런 우리의 마음이 하나님께로 향할 수 있게 해 주셔서 감사해요. 우리의 마음을 바꾸어 주시고 우리가 하나님을 사랑하고 하나님께 순종하도록 예수님을 보내 주셔서 감사해요. 우리를 구원해 주시고 우리의 죄 된 마음을 바꾸어 주신 예수님을 찬양하며 하나님께 감사드려요. 예수님의 이름으로 기도합니다. 아멘.

일곱 — 암송송

성경에서 이사야 33장 22절을 펴고 큰 소리로 여러 번 따라 읽게 한다.

2단원 암송 구절은 하나님이 우리의 재판장이시고, 율법을 세우신 분이며, 우리의 왕이시라고 말해 주어요. **하나님은 하나님의 계획을 위해 사람들을 사용하세요.** 그러나 하나님은 모든 것을 다스리시는 분이에요. 하나님은 사람들을 다스리시고, 사람들을 통해 하나님의 계획을 이루세요.

암송송(133쪽)에 맞추어 손유희를 하며 말씀을 익힌다.

"대저 여호와는 우리 재판장이시요 여호와는 우리에게 율법을 세우신 이요 여호와는 우리의 왕이시니 그가 우리를 구원하실 것임이라"(사 33:22).

tip 전체 구절 암송이 어려운 경우에는 표시 부분을 발췌해 외워도 좋다.

알콩달콩 😃 말씀 놀이

누구를 섬겨야 하나요?

준비물 ▶ 유치부 교재 15쪽, 35쪽 '사람들' 그림, 45쪽 '십자가' 스티커, 풀

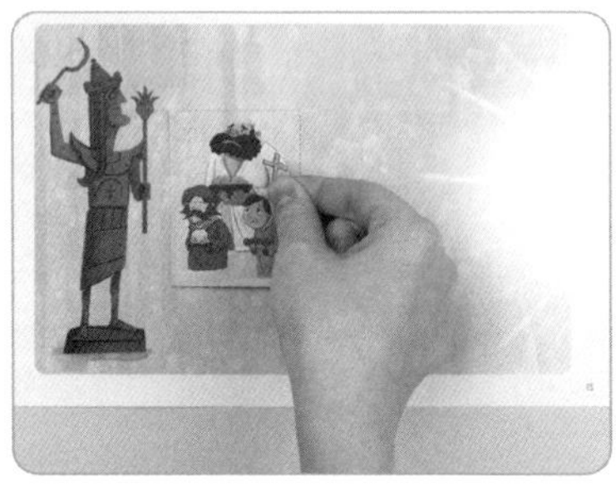

이야기 나누기
- 하나님을 섬기는 사람들과 우상을 섬기는 사람들은 무엇이 다른가요?

❶ 유치부 교재 35쪽 '사람들' 그림을 떼어 접는 선대로 접은 후 '풀칠'에 풀을 발라 '붙이는 곳'에 붙이게 한다.

❷ 그림을 오른쪽, 왼쪽으로 넘기면서 하나님을 섬기는 사람들과 우상을 섬기는 사람들의 모습이 어떠한지, 우리는 누구를 섬겨야 하는지 친구와 이야기를 나누어 보라고 한다.

❸ "사람들이 우상을 다 버리고 하나님을 섬기게 해 주세요"라고 기노한 후 우상을 섬기는 사람들에게 유치부 교재 45쪽 '십자가' 스티커를 떼어 붙여 주라고 한다.

인도자 하나님만 섬기겠다고 여호수아와 약속했던 **이스라엘 백성은 오직 한 분, 진짜 하나님을 잊어버리고** 하나님께 순종하지 않았어요. 그래서 이스라엘의 대적들에게 공격을 당하게 되었어요. 하나님은 이스라엘 백성이 하나님을 사랑하고 순종하기를 원하셨어요. 그래서 사사를 보내 그들을 대적들로부터 구해 주셨지요.
하지만 이스라엘 백성은 사사가 없으면 다시 하나님을 잊어버리는 죄를 반복해서 지었어요. 사사들은 그들이 하나님께 순종하도록 도왔어요. 그러나 이스라엘 백성의 마음을 바꾸어 그들이 하나님을 사랑하게 만들 수는 없었어요. 하나님은 계획을 갖고 계셨어요. 하나님은 아들이신 예수님을 보내 사람들을 죄에서 구원해 주셨어요. 그들의 마음을 하나님께로 돌려 하나님을 사랑하게 해 주셨답니다.

'사사' 얼음땡 놀이를 해요 ✱

tip '얼음땡' 게임을 변형한 활동이다.

❶ 인도자는 '적군'이 되고, 아이들 중 한 명은 '사사', 나머지 아이들은 '이스라엘 백성'으로 역할을 나누어 정한다.

❷ '이스라엘 백성'에게 예배실을 자유롭게 돌아다니라고 한다. 만약 '적군'에게 잡히려고 하면 "하나님, 도와주세요!"라고 외치며 제자리에 멈추어 얼음이 되어야 한다는 게임의 규칙을 설명해 준다.

❸ '사사'가 얼음이 된 '이스라엘 백성'의 몸을 톡 치면서 "사사!"라고 외치면 다시 자유롭게 돌아다닐 수 있다고 말해 준다.

❹ 시간 여유가 되면 '사사'의 역할을 바꾸어 게임을 계속 진행한다.

> 인도자 **이스라엘 백성은 오직 한 분, 진짜 하나님을 잊어버렸어요.** 이스라엘 백성이 하나님께 부르짖자 하나님이 사사들을 세워 그들을 구원해 주셨어요. 사사들은 그들이 하나님께 순종하도록 도왔어요. 그러나 사사들은 이스라엘 백성의 마음을 바꾸어 그들이 하나님을 사랑하게 만들 수는 없었어요. 하나님은 아들이신 예수님을 이 땅에 보내 사람들의 마음을 바꾸셨고, 그들을 죄에서 영원히 구원해 주셨어요.

'사사' 노래를 불러요 ✳

❶ "산토끼" 노래를 개사해 다 함께 불러 본다.

예) "여러분은 / 사사를- / 아-나요 / 아나요-.
　　 사-사는 / 하나님의 / 백-성을 / 도와요-."

> tip 흰색 전지에 매직펜을 이용해 가사를 적은 후 예배실 앞쪽에 붙여 두고 활동하면 좋다.

❷ 노래를 반복해서 불러 충분히 익힌 후 '사-사는' 자리에 '옷니엘은', '에-훗은', '삼-갈은' 등 첫 사사들의 이름을 넣어 다시 불러 본다.

> 인도자 **이스라엘 백성은 오직 한 분, 진짜 하나님을 잊어버렸어요.** 그러자 하나님은 이스라엘의 대적들이 그들을 공격하게 하셨어요. 이스라엘 백성은 하나님께 도와 달라고 부르짖었어요. 이스라엘 백성은 하나님께 불순종했지만, 하나님은 사사를 보내 그들을 구원하셨어요. 사사들은 이스라엘 백성이 하나님께 다시 순종하도록 도왔어요. 우리도 이스라엘 백성처럼 죄를 짓고 하나님께 불순종해요. 하지만 하나님은 우리에게 예수님을 보내 주셨어요. 예수님은 우리의 마음을 바꾸시고, 우리를 죄에서 영원히 구원하세요.

구원 낚시를 해요 ✳

❶ 아이들에게 두꺼운 도화지를 나누어 준다. '죄에 빠진 어린이들'의 모습을 그림으로 표현한 후 가위로 오리고, 끝부분에 클립을 꽂으라고 한다.

> tip 가위질이 어려운 아이의 경우 교사가 도와준다.

❷ 나무젓가락 한쪽 끝에 40cm 정도 길이로 자른 끈을 묶어 늘어뜨려 낚싯대를 만든다. 낚싯바늘이 달려 있어야 하는 부분에 도넛 모양의 작은 자석을 달아 준다. 낚싯대에 십자가를 그려 '구원 낚싯대'임을 표시하라고 한다.

❸ 상자에 볼풀 공을 한 층만 여유 있게 깐 후 ❶을 넣고 섞어 둔다.

❹ '구원 낚싯대'의 자석을 클립에 붙여 '죄에 빠진 어린이들'을 구원해 주라고 한다. 예수님의 십자가는 모든 죄인을 구원할 수 있다고 말해 준다.

 이스라엘 백성은 오직 한 분, 진짜 하나님을 잊어버렸어요. 사사들은 그들이 하나님께 순종하도록 도왔어요. 그러나 사사들은 이스라엘 백성의 마음을 바꾸어 그들이 하나님을 사랑하게 만들 수는 없었어요. 하나님은 아들이신 예수님을 보내 사람들의 마음을 바꾸셨고, 그들을 죄에서 영원히 구원하셨어요.

하나님이 사사를 보내셨어요

준비물 ▶ 유치부 교재 16쪽, 33쪽 '죄의 악순환 카드', 풀

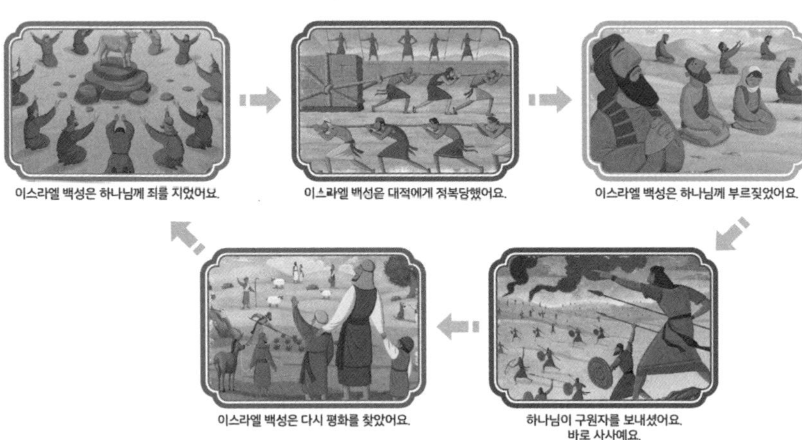

❶ 유치부 교재 33쪽 '죄의 악순환 카드'를 떼어 빈칸에 순서대로 나열해 풀을 이용해 붙여 주라고 한다.

❷ 아이들이 카드를 붙이는 동안 오늘의 성경 이야기에서 이스라엘 백성이 반복해서 지은 죄에 대해 다시 설명해 준다.

이야기 나누기

- 이스라엘 백성이 하나님을 잊어버리고 우상을 섬기자 어떤 일이 생겼나요?
- 하나님은 이스라엘 백성이 하나님을 기억하도록 누구를 보내 주셨나요?
- 하나님을 잊지 않고 순종하며 살기 위해서는 어떻게 해야 할까요?

 이스라엘 백성은 오직 한 분, 진짜 하나님을 잊어버렸어요. 하지만 하나님은 사사를 통해 이스라엘 백성을 대적들에게서 구원하셨어요. 사사들은 그들이 하나님께 다시 순종하도록 도왔어요. 그런데 이러한 일은 반복해서 일어났어요. 사사들은 이스라엘 백성의 마음을 바꾸어 그들이 하나님을 사랑하게 만들 수는 없었기 때문이에요. 하나님은 아들이신 예수님을 보내 사람들의 마음을 바꾸셨고, 그들을 죄에서 영원히 구원하셨어요.

간식

준비물 ▶ 꿀떡, 우유, 접시

❶ 카운트다운 영상, 정리하기 노래 등을 활용해 활동이 끝났음을 알린다. 아이들에게 주변을 정리하게 하고, 화장실에 가거나 물티슈 등을 이용해 손을 씻을 시간을 준다.

❷ 감사 기도를 드리고 꿀떡과 우유를 간식으로 나누어 준다. 이스라엘 백성은 하나님을 잊어버리는 죄를 지었고, 대적들이 쳐들어와서 고통을 겪었다고 말해 준다. 오직 한 분, 진짜 하나님을 믿고 섬기면 오늘의 달콤한 간식인 꿀떡처럼 달콤하고 평안할 수 있다는 사실을 기억하라고 아이들에게 일러 준다.

❸ 간식을 먹은 후 마무리 정리를 잘하도록 지도한다.

마무리

준비물 ▶ 유치부 교재 41쪽 메시지 카드, 소그룹 활동지, 파일

❶ 이번 주 메시지 카드로 부모님과 함께 오늘 배운 성경 이야기를 나누어 보라고 한다.

가족과 활동해요

• 가족 중에 한 명을 지도자로 정하세요. 나머지 가족들은 지도자의 뒤에 한 줄로 서서 지도자가 하는 모든 행동을 똑같이 따라 해 보세요. 다르게 행동하면 탈락이에요.

• 하나님이 우리 가족을 위해 세워 주신 지도자들에게 감사 카드를 전달해 보세요.

❷ 소그룹 활동지를 떼어 파일에 끼우고 가방에 정리하게 한다.

❸ 아이들을 위해 기도한다.

> **인도자** 하나님, 불순종한 이스라엘 백성을 끝까지 사랑하시고, 돌아올 기회를 주신 하나님의 큰 사랑을 알게 되었어요. 우리를 언제나 큰 사랑으로 품어 주시는 하나님께 감사드려요. 그 사랑을 기억하며 언제나 하나님께 순종하는 자녀가 될 수 있도록 도와주세요. 예수님의 이름으로 기도합니다. 아멘.

❹ 아이를 데리러 온 부모에게 아이가 특별히 즐거워했거나 잘했던 활동들에 대해 이야기해 주고, 가정에서 성경 읽기와 가족 활동을 진행할 수 있도록 격려한다.

하나님께 순종하는 우리 가족 그리기

찬양으로 하나님께 영광 돌리고
찬양을 통해 배웁니다

아이들은 찬양을 통해 다양한 것을 배웁니다. 교사가 찬양에 자신이 없더라도 걱정할 필요가 없습니다. 혹시 음치라 할지라도 아이들을 도울 수 있습니다. 찬양을 활용하는 여러 가지 방법을 소개합니다.

- 조용한 찬양은 마음을 가다듬게 하고 가사를 음미하며 예배를 준비하도록 도움을 줍니다.
- 반복해서 들은 가사는 기억에 잘 남습니다. 차 안에서나 집에서 아이들에게 찬양을 들려주는 것은 말씀을 기억하게 하는 데 효과적입니다.
- 악기 연주자를 초대해 찬양을 연주하게 하면 찬양에 집중하게 할 수 있고, 다양한 방법으로 하나님을 찬양하는 법을 배우게 됩니다.
- 아이들이 부르는 찬양을 녹음해서 다시 들려주면 아이들은 친근감을 느끼며 찬양을 따라 하게 됩니다.
- 조용한 장소에 찬양을 듣는 곳을 지정해 보십시오. 음악을 재생할 수 있는 장치와 헤드폰을 준비해 주제에 알맞은 찬양을 골라 두고 자유롭게 사용할 수 있게 하면 찬양에 대한 관심을 불러일으킬 수 있습니다.
- 찬양을 자주 부르기를 권합니다. 찬양에 자신이 없더라도 괜찮습니다. 아이들은 교사가 어떻게 찬양하는지에 관심을 갖기보다는 교사가 아이들과 함께 찬양하는 것에 만족해합니다.
- 아이들의 이름을 넣을 수 있는 찬양을 자주 불러 주십시오. 아이들의 이름을 넣는다면 모든 아이의 이름이 들어가도록 합니다.
- 다양한 악기를 연주하며 찬양해 보십시오. 같은 종류의 악기를 사용한다면 보다 차분한 분위기를 만들 수 있습니다 (셰이커나 리듬악기).
- 아이들이 음악에 대해 자유롭게 반응할 수 있도록 기회를 주십시오. 아이들은 놀라운 창의력을 발휘할 수 있습니다.
- 아이들이 찬양의 가사와 개념을 이해할 수 있는 찬양을 부르십시오. 상징을 많이 사용한 찬양은 피하는 것이 좋습니다. 아이들은 가사를 있는 그대로 받아들이기 때문에 상징이나 추상적인 찬양의 의미를 오해할 수 있습니다.
- 익숙한 음정에 새로운 가사를 붙여 보거나 감동을 담아 새로운 찬양을 만들어 보십시오.

이 글을 www.lifeway.com에서 인용했습니다.

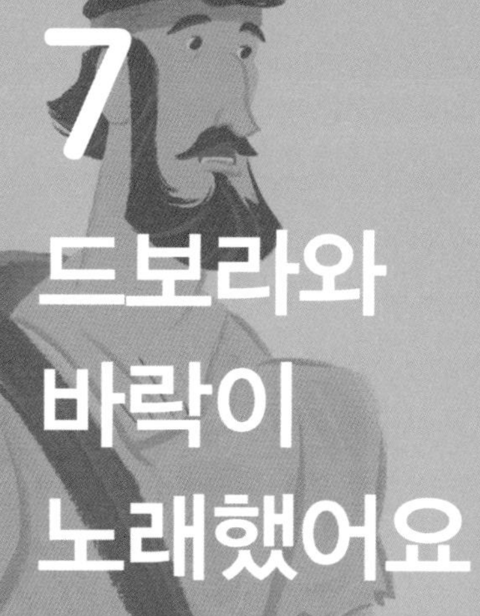

7

드보라와 바락이 노래했어요

[삿 4~5장]

주제
하나님은 사사들을 보내 이스라엘 백성을 도우셨어요.

예수님 생각하기
하나님은 하나님의 백성을 사용해 우리를 도와주시고, 우리에게 예수님에 대해 가르쳐 주세요. 하나님은 우리를 위해 아들이신 예수님을 보내 우리를 죄에서 구원하셨어요.

단원 암송
사 33:22

성경의 초점
하나님은 어떻게 하나님의 계획을 이루시나요?
하나님은 하나님의 계획을 위해 사람들을 사용하세요.

에훗의 죽음 이후에도 사사 시대 죄의 악순환은 계속되었습니다. 이스라엘 백성은 'A(죄)-B(고통 : 속박)-C(회개 : 부르짖음)-D(구원 : 사사)-E(평화)' 패턴을 반복했습니다. 이번에 이스라엘 백성은 가나안 왕에게 억압을 당했습니다. 이때는 드보라가 이스라엘의 사사였습니다. 드보라는 바락을 불러 격려하고 군대를 일으켜 가나안 군대와 그 지도자인 시스라를 물리치게 했습니다.

드보라는 바락에게 하나님이 시스라와 군대를 그의 손에 붙이시리라는 확신을 주었습니다(삿 4:6~7). 하지만 바락은 드보라가 함께 간다면 자기도 가겠노라고 말했습니다. 드보라는 자신이 함께 가겠지만 바락이 그 전투로 인해 영광을 얻지는 못할 것이라고 했습니다. 하나님은 한 여인을 들어서 시스라를 치실 계획을 갖고 계셨습니다.

바락이 1만 명의 군사들을 이끌고 다볼산에서 내려갔을 때 "여호와께서 바락 앞에서 시스라와 그의 모든 병거와 그의 온 군대를 칼날로 혼란에 빠지게 하시매"(삿 4:15) 시스라의 온 군대가 다 칼에 엎드러졌고 한 사람도 남은 자가 없었습니다. 하지만 시스라는 죽지 않고 도망쳤습니다. 시스라는 걸어서 도망쳐 겐 사람 헤벨의 아내 야엘의 장막에 도착했습니다. 그녀는 시스라를 맞아들였고 마실 것을 주었습니다. 그리고 시스라가 잠든 사이 장막 말뚝을 그의 관자놀이에 박아서 죽였습니다.

사사기 5장은 드보라와 바락이 이날 하나님이 가나안 족속을 물리치신 것을 기뻐하며 부른 승리의 노래를 기록한 것입니다. 그 땅은 40년간 평온했습니다.

이스라엘은 그들의 죄로 인해 20년 동안 패배를 경험했습니다. 하나님은 이스라엘을 위해 싸우셨고, 드보라와 바락, 그리고 야엘을 사용하셔서 가나안과 싸워 승리를 얻게 해 주셨습니다.

● ● **티칭 포인트**

아이들에게 기쁜 마음으로 하나님을 섬기며 하나님의 영광을 위해 자신들의 재능을 드린 드보라와 바락의 행동을 강조해서 말해 주십시오. 하나님은 하나님의 백성을 대적들로부터 구원하실 뿐 아니라 아들이신 예수 그리스도를 통해 우리의 구원을 이루시는 분이라는 사실을 알려 주십시오.

드보라와 바락이 노래했어요

삿 4~5장

사사가 죽은 후 이스라엘 백성은 다시 하나님을 잊어버렸어요. 그래서 하나님은 가나안 왕이 이스라엘을 정복하게 하셨어요. 가나안 왕은 악한 사람이었어요. 이스라엘 백성은 하나님을 사랑하고 하나님께 순종했던 때를 떠올렸어요. 그들은 하나님께 "우리를 구원해 주십시오!" 하고 부르짖었어요.

하나님은 드보라를 새로운 사사로 세우셨어요. 어느 날 드보라가 바락에게 말했어요. "이스라엘의 하나님 여호와께서 명령하셨습니다. 군대를 모아 다볼산으로 가십시오. 하나님이 가나안 군대와 그 군대장관 시스라를 산 아래 강으로 오게 하실 것입니다. 하나님이 당신이 시스라를 이기게 하실 것입니다."

바락은 드보라에게 이렇게 대답했어요. "만일 당신이 저와 함께 가면 저도 가겠습니다." 드보라가 말했어요. "제가 반드시 당신과 함께 가겠습니다. 그러나 당신은 시스라를 이긴 영광을 얻지 못할 것입니다. 여호와께서 여인이 시스라를 이기게 하실 것입니다."

드보라와 바락은 군대를 이끌고 다볼산으로 갔어요. 시스라는 쇠로 만든 전차 900대와 자기와 함께 있던 모든 백성을 강 앞으로 모아 전투를 준비했어요.

드보라가 바락에게 말했어요. "일어나십시오! 오늘이 여호와께서 시스라를 당신의 손에 넘겨주신 날입니다." 이에 바락은 군대를 이끌고 다볼산에서 내려가 시스라와 그의 군대에게로 향했어요. 하나님은 시스라와 그의 군대를 혼란에 빠지게 하셨어요. 시스라만 간신히 살아남아 도망쳤고 그의 군대는 모두 죽고 말았어요.

시스라는 걸어서 도망가다가 야엘이라는 여인의 장막에 이르렀어요. 시스라와 야엘의 남편은 친구 사이였어요. 야엘이 시스라에게 말했어요. "어서오십시오. 두려워하지 마십시오." 야엘은 시스라에게 마실 것을 주었고, 이불을 덮어 주었어요. 시스라는 야엘에게 만일 누가 자기를 찾거든 없다고 말하라고 부탁하고는 너무 지쳐서 깊이 잠들었어요. 그런데 야엘은 시스라가 악한 사람이라는 것과 하나님의 적이라는 사실을 알고 있었어요. 시스라가 잠든 사이, 야엘은 시스라를 죽게 했어요.

이날 하나님은 이스라엘 백성이 가나안과의 전쟁에서 이기게 하셨어요. 드보라와 바락은 승리의 노래를 불렀어요. "내가 여호와를 노래할 것이요, 이스라엘의 하나님 여호와를 찬송하리로다." 그들은 가나안과의 전쟁에서 이기게 하신 하나님을 찬양했고, 전쟁에서 무슨 일이 있었는지를 기억했어요. "여호와여, 주의 원수들은 다 시스라와 같이 망하게 하소서." 그리고 그 땅은 40년간 평온했어요.

● ● 예수님 생각하기

하나님은 하나님의 영광과 우리의 ★유익을 위해 일하세요(시 115:3; 롬 8:28). 하나님은 이

스라엘을 위해 싸우셨으며, 드보라와 바락,
그리고 야엘을 통해 가나안을 물리치셨어
요. 마찬가지로 하나님은 하나님의 백성을
사용해 우리를 도와주시고, 우리에게 예수

님에 대해 가르쳐 주세요. 하나님은 우리를
위해 아들이신 예수님을 보내 우리를 죄에
서 구원하셨어요.

★유익 : 도움이 됨

가스펠
준비

싱글벙글　😄　## 환영해요

"다스리소서"(지도자용 팩)를 튼다. 아이들을 반갑게 맞이하며 헌금과 기도를 도와준다. 예배 중 헌금 순서가 있다면
아이들이 헌금을 잘 간수하도록 돕는다. 가방과 외투를 정리하도록 안내한다. 새로 온 아이가 있다면 음수대와 화
장실의 위치를 알려 주고, 보호자와 만나는 시간과 방법 등을 소개한다. 보호자들을 위한 안내문을 붙여 아이와 만
나는 시간, 기다리는 장소, 헌금 방법, 아이에 대한 특별한 주의 사항을 교사에게 미리 알려 주기 등을 공지한다.

너랑 나랑　😊　## 마음 열기

주제와 관련 있는 퍼즐이나 블록 등 아이들이 좋아하는 장난감을 몇 가지 비치해 두고 다양한 활동을 하며 예배를
준비하도록 돕는다. 아이들이 마음을 열고 오늘의 주제에 관심을 갖게 하며 예배에 집중할 수 있도록 도와준다. 교
회 형편에 맞게 시간과 활동 방법을 조절한다.

인도자의 명령을 따라요 ✳　　　　　　　　　　　준비물 ▶ A4 크기의 도화지, 가위, 사인펜(크레용)

❶ 아이들에게 인도자의 명령을 잘 듣고 그대로 따르라고 한다.

　예) "머리를 묶은 아이는 점프하세요", "초록색 옷을 입은 아이는 일어서세요" 등.

❷ 마지막으로 "여자아이들은 손을 들어 보세요"라고 명령한다.

　인도자 지난주에 우리가 배운 사사들은 모두 남자였어요. 그런데 오늘의 성경 이야기에서
하나님은 한 여자를 사사로 부르셨어요. 그녀의 이름은 드보라였어요. 그리고 하나
님은 야엘이라는 여자를 사용해 이스라엘의 적의 지도자를 물리치셨어요. 이제 드
보라와 야엘에 대해 좀 더 알아보아요.

❶ '차' 카드와 '상황' 카드를 한데 섞은 후 뒤집어 격자무늬로 놓아 둔다.

❷ 아이들에게 차례로 한 명씩 나와서 한 번에 2장의 카드를 뒤집으라고 한다.

❸ '상황'에 알맞은 '차'를 뽑은 경우 카드를 선물로 주고 한 번 더 기회를 준다. 틀렸을 경우 카드를 제자리에 놓고 다음 아이에게 순서가 넘어가고, 모든 짝을 맞출 때까지 게임을 계속한다.

> **tip** 아이들에게 게임을 하는 동안 각 카드의 위치를 기억하라고 말해 준다. 연령대가 낮은 경우 카드의 그림이 보이도록 한 상태에서 게임을 해도 좋다.

인도자 잘 기억했어요! 오늘의 성경 이야기에서 이스라엘 백성은 무엇인가를 잊어버렸어요. **이스라엘 백성은 오직 한 분, 진짜 하나님을 잊어버렸어요.** 이스라엘 백성은 힘든 시간을 보냈어요. 하나님을 잊어버렸기 때문이지요. 그때 하나님은 사사를 보내 이스라엘 백성의 마음을 하나님께로 다시 향하게 하셨어요. 이제 사사에 대해서 좀 더 알아보아요.

 **예배 대형으로 모이기**

• 카운트다운 영상, 모이기 노래 등을 활용해 예배 대형으로 바꾸고 마음을 준비하게 한다.
• 공간을 이동해야 한다면 인도자의 명령에 따르며 가도록 한다.
  예) "거북이처럼 느릿느릿 걸어요", "찬양하며 걸어요", "한 발로 콩콩 뛰어가세요" 등.

가스펠
설교

하나 — 들어가기

인형이나 담요 등 좋아하는 물건이 있나요? 혹시 그 물건을 어딘가에 놓고 와서 잃어
버렸다가 다시 찾은 경험이 있나요? 오늘의 성경 이야기에서 이스라엘 백성은 인형이
나 담요보다 훨씬 중요한 것을 잊어버렸어요. **이스라엘 백성은 오직 한 분, 진짜 하나
님을 잊어버렸어요.** 그래서 하나님은 가나안 왕이 그들을 다스리게 하셨지요. 그러자
이스라엘 백성은 하나님께 "도와주세요"라고 외쳤어요!

둘 — 성경 이야기

사사기 4~5장을 편다. 설교 영상(지도자용 팩)을 보여 주거나 이야기 성경을 들려준다.

성경에 나온 모든 이야기는 실제로 일어났던 일이에요. 성경에는 하나님의 진리의 말
씀이 들어 있어요. 오늘의 성경 이야기는 '사사기'에 나와요.

셋 — 메시지와 정리

이스라엘 백성은 죄를 지었고, 하나님은 가나안이 그들을 다스리게 하셨어요. 이스라
엘 백성은 하나님께 도와 달라고 부르짖었어요. **하나님은 사사들을 보내 이스라엘 백
성을 도우셨어요.** 하나님은 사사 드보라, 바락, 그리고 야엘을 사용해 이스라엘의 대적
을 물리치셨어요. 하나님은 또한 하나님의 백성을 사용해 우리를 도와주시고, 우리에
게 예수님에 대해 가르쳐 주세요. 하나님은 아들이신 예수님을 보내 우리에게 유익이
되게 하셨어요. 우리를 죄에서 구원하셨어요!

연대표(지도자용 팩)를 가리키면서 복습 질문을 한다.

1. 오늘의 성경 이야기에 등장하는, 하나님이 세우신 사사는 누구인가요? 드보라
2. 하나님이 가나안과의 전쟁을 위해 선택하신 이스라엘의 군대를 이끄는 지도자는 누
   구인가요? 바락
3. 가나안의 군대장관 시스라는 전쟁에서 진 후 도망쳐 어디에 숨었나요? 야엘의 장막
4. 이스라엘이 승리한 후 드보라와 바락은 무엇을 했나요? 승리의 노래를 불렀다

넷 — 성경의 초점

2단원의 '성경의 초점'을 함께 말해 보아요. **"하나님은 어떻게 하나님의 계획을 이루시나요?"**, **"하나님은 하나님의 계획을 위해 사람들을 사용하세요."** 하나님의 계획은 하나님의 선하심과 우리의 유익을 위한 거예요. 하나님은 우리가 살면서 만나는 사람들을 사용해 하나님의 선한 계획을 이루세요.

다섯 — 복음 초청

성경과 65쪽 복음 초청 가이드를 이용해서 아이들에게 그리스도인이 되는 법을 설명해 준다. 따로 상담해 줄 사람을 정해 주고 궁금한 점이 있으면 물어보도록 격려한다.

이 시간 예수님을 믿고 마음에 모시고 싶은 친구는 함께 기도해요.

여섯 — 기도

우리와 언제나 함께하시는 하나님, 감사해요. 드보라와 바락의 이야기를 통해 우리가 진심으로 믿어야 하는 분은 오직 하나님밖에 없음을 가르쳐 주셔서 감사해요. 언제나 선하신 하나님만 믿고 따라가는 우리가 되게 해 주세요. 예수님의 이름으로 기도합니다. 아멘.

일곱 — 암송송

성경에서 이사야 33장 22절을 펴고 큰 소리로 여러 번 따라 읽게 한다.

하나님은 사사들을 보내 이스라엘 백성을 도우셨어요. 그러나 사사들은 이스라엘 백성의 마음을 바꾸어 그들이 하나님을 사랑하게 만들 수는 없었어요. 2단원 암송 구절은 우리에게 하나님이 재판장이시고, 율법을 세우신 분이며, 우리의 왕이시라고 말해요. 그 위대하신 하나님이 예수님을 보내 우리의 마음을 바꾸시고, 우리를 죄에서 영원히 구원하셨어요.

암송송(133쪽)에 맞추어 손유희를 하며 말씀을 익힌다.

"대저 여호와는 우리 재판장이시요 여호와는 우리에게 율법을 세우신 이요 여호와는 우리의 왕이시니 그가 우리를 구원하실 것임이라"(사 33:22).

tip 전체 구절 암송이 어려운 경우에는 표시 부분을 발췌해 외워도 좋다.

가스펠
소그룹

알콩달콩 😊 말씀 놀이

다볼산을 향하여!

❶ 미로를 통과해 드보라와 바락, 이스라엘 백성이 다볼산에 도착할 수 있도록 도와주라고 한다.

> **인도자** 드보라와 바락, 이스라엘 백성은 하나님의 약속을 따라 다볼산으로 갔어요. 그곳에서 대적인 가나안의 군사들과 싸워 이겼지요. 하나님이 우리와 함께하시면 우리는 언제나 승리할 수 있어요.

'드보라가 가라사대' 게임을 해요 ✻

> **tip** '가라사대' 게임을 변형한 활동이다.

❶ 아이들을 마주 보고 둥글게 앉힌다.

❷ "드보라가 가라사대"라는 말을 붙여서 지시하면 따르고, 붙이지 않고 지시하면 따르지 말아야 한다는 게임의 규칙을 설명해 준다.

예) "드보라가 가라사대 웃어라! (웃는다) 드보라가 가라사대 박수해라! (박수한다) 잘했다! 자리에서 일어서라! (일어 서지 않는다) 이런, 내 명령을 따르지 않다니! 어서 일어서라! (일어서지 않는다) 알겠다. 드보라가 가라사대 일어 서라! (일어선다) 아주 잘 따라 해서 사탕을 줄 테니 받거라! (준비한 사탕을 나누어 주지만 받아서는 안 된다)" 등.

❸ 지시를 따르지 못하고 틀린 아이들 중 한 명을 선택해 명령을 내리는 인도자의 역할을 맡겨 게임을 반복한다.

> **인도자** 이스라엘의 대적들이 공격하자 **하나님은 사사들을 보내 이스라엘 백성을 도우셨어요.** 사사 드보라는 바락에게 하나님이 말씀하신 내용을 전했어요. 하나님은 드보라,

바락, 그리고 야엘을 사용해 이스라엘의 대적을 물리치셨어요. 하나님은 또한 사람들을 사용해 우리가 예수님에 대해 배우게 하세요.

장막에 숨어 보아요 ∗   준비물 ▶ 텐트, 이불, 큰 베개

❶ 텐트를 친 후 이불과 큰 베개들을 넣어 둔다. 아이들에게 오늘의 성경 이야기에 나오는 이스라엘 백성은 텐트처럼 생긴 '장막'에서 살았다고 이야기해 준다.

❷ 아이들에게 차례로 '장막'에 들어가 이불과 베개 밑에 숨었다가 나오라고 한다.

> 인도자 **하나님은 사사들을 보내 이스라엘 백성을 도우셨어요.** 하나님은 이스라엘 백성이 전쟁에서 이기게 하셨지요. 이스라엘의 대적인 가나안의 군대장관 시스라는 도망쳐서 야엘의 장막에 숨었어요. 장막은 이스라엘 백성이 살았던 집인데, 우리가 활동한 텐트와 비슷하게 생겼어요. 하나님은 야엘을 사용해 시스라를 죽게 하셨어요. 하나님이 하시는 모든 일은 하나님의 영광과 우리의 유익을 위한 거예요. 또한 하나님은 하나님의 백성을 사용해 우리를 도와주시고, 우리에게 예수님에 대해 가르쳐 주세요. 하나님은 우리를 위해 아들이신 예수님을 보내 우리를 죄에서 구원하셨어요.

마라카스를 만들어요 ∗   준비물 ▶ 휴지 심, 스테이플러, 콩, 셀로판테이프, 스티커

❶ 휴지 심의 한쪽 끝부분을 납작하게 눌러 스테이플러로 고정한다. 스테이플러 심이 여며지는 부분에 아이의 손이 닿으면 베일 수 있으므로 셀로판테이프를 이용해 감싼다.

❷ 아이들에게 휴지 심 안에 콩을 넣으라고 한다. 반대편 끝부분도 납작하게 눌러 스테이플러로 고정한 후 셀로판테이프로 감쌀 수 있도록 지도한다.

❸ 스티커를 이용해 마라카스를 장식하게 한다.

❹ 다 함께 마라카스를 흔들며 우리를 구원하신 하나님을 찬양한다.

> 인도자 드보라와 바락은 가나안을 물리치신 하나님을 찬양했어요. **하나님은 사사들을 보내 이스라엘 백성을 도우셨어요.** 하나님이 하시는 모든 일은 하나님의 영광과 우리의 유익을 위한 일이에요. 하나님은 드보라, 바락, 그리고 야엘을 사용해 이스라엘의 대적을 물리치셨어요. 하나님은 우리를 위해 아들이신 예수님을 보내 우리를 죄에서 구원하셨어요.

❶ 카운트다운 영상, 정리하기 노래 등을 활용해 활동이 끝났음을 알린다. 아이들에게 주변을 정리하게 하고, 화장실에 가거나 물티슈 등을 이용해 손을 씻을 시간을 준다.

❷ 감사 기도를 드리고 막대 과자를 간식으로 나누어 준다. 막대 과자의 모양이 숫자 1과 비슷하다고 이야기해 준다. 아이들에게 이스라엘 백성은 하나님이 세우신 사사가 죽을 때마다 하나님이 오직 한 분, 진짜 하나님이시라는 사실을 잊어버렸다는 성경 이야기를 떠올려 준다. 하나님은 사사들을 보내 이스라엘 백성이 하나님을 기억하고 대적들을 물리치도록 도우셨다고 말해 준다.

❸ 간식을 먹은 후 마무리 정리를 잘하도록 지도한다.

❶ 이번 주 메시지 카드로 부모님과 함께 오늘 배운 성경 이야기를 나누어 보라고 한다.

가족과 활동해요

• 성경에서 하나님이 여인들(라합, 마리아, 에스더, 디모데의 어머니와 외할머니 등)을 어떻게 사용하셨는지에 대해 찾아보세요.
• 우리 동네에 여성을 돌보는 사역이 있는지 알아보고, 도울 방법을 찾아보세요.

❷ 소그룹 활동지를 떼어 파일에 끼우고 가방에 정리하게 한다.

❸ 아이들을 위해 기도한다.

> **인도자** 하나님, 하나님이 하시는 모든 일은 하나님의 영광과 우리의 유익을 위한 거예요. 예수님을 보내 우리를 죄에서 구원해 주셔서 감사해요. 그리고 사람들을 사용해 우리를 도와주시고, 우리에게 예수님에 대해 가르쳐 주셔서 감사해요. 예수님을 더 많이 사랑하게 해 주세요. 예수님의 이름으로 기도합니다. 아멘.

❹ 아이를 데리러 온 부모에게 아이가 특별히 즐거워했거나 잘했던 활동들에 대해 이야기해 주고, 가정에서 성경 읽기와 가족 활동을 진행할 수 있도록 격려한다.

 **나만의 기록장**

나에게 예수님을 가르쳐 주는 사람 그리기

8

겁쟁이 기드온이 용사가 되었어요

주제	하나님이 기드온에게 승리를 주셨어요.
예수님 생각하기	하나님이 함께하셔서 기드온은 승리했어요. 우리도 도움이 필요해요. 우리는 죄에서 구원받아야 하는데 우리 스스로는 구원할 수 없기 때문이에요. 하나님은 아들이신 예수님을 보내 우리를 구원하셨어요.
단원 암송	사 33:22
성경의 초점	하나님은 어떻게 하나님의 계획을 이루시나요? 하나님은 하나님의 계획을 위해 사람들을 사용하세요.

사사기 6장은 익숙한 표현으로 시작합니다. "이스라엘 자손이 또 여호와의 목전에 악을 행하였으므로"(삿 6:1). 사사 시대는 이스라엘의 역사 가운데 그다지 좋은 시절이 아니었습니다. 반복되는 'A(죄)-B(고통:속박)-C(회개:부르짖음)-D(구원:사사)-E(평화)' 패턴은 그들이 과거로부터 교훈을 얻지 못했음을 분명히 보여 줍니다.

이번에 이스라엘 백성은 미디안 족속에 의해 핍박을 받았고, 도움을 청하며 하나님께 부르짖었습니다. 하나님은 그들을 구원할 한 사람을 선택하셨는데 그의 이름은 기드온이었습니다. 기드온은 아무도 예상하지 못한 지도자였고, 그 자신도 그 사실을 알고 있었습니다. 기드온은 "오 주여 내가 무엇으로 이스라엘을 구원하리이까 보소서 나의 집은 므낫세 중에 극히 약하고 나는 내 아버지 집에서 가장 작은 자니이다"(삿 6:15)라고 말했습니다.

하나님은 하나님의 계획을 이루시기 위해 가장 큰 사람이나 최고의 사람을 필요로 하지 않으십니다. 사실 하나님은 사람들 가운데 가장 약한 자나 낮은 자를 들어 사용하심으로써 큰 영광을 받으십니다. 하나님은 연약한 기드온에게 강한 능력을 부어 주실 계획을 가지고 계셨습니다. 하나님은 "내가 반드시 너와 함께하리니"(삿 6:16)라고 말씀하셨습니다.

기드온과 한 무리의 군인들이 함께 모였을 때 하나님은 기드온에게 군사가 너무 많다고 말씀하셨습니다. 하나님은 이스라엘 백성이 미디안 족속을 물리칠 만한 능력이 그들에게 있는 것처럼 생각하기를 원하지 않으셨습니다. 군사들의 숫자가 300명으로 줄어들었을 때에야 그들은 비로소 전투를 준비할 수 있었습니다(삿 7:1~7). 군사들은 나팔을 불고 외치면서 미디안 진영을 향해 달려갔습니다. 하나님은 미디안 군사들이 서로를 향해 칼을 휘두르게 만드셨습니다. 그들은 도망갔지만 기드온과 군사들은 끝까지 추격했습니다.

●● 티칭 포인트

하나님은 이스라엘이 전쟁할 때 그들과 함께하셨습니다. 이스라엘은 자신들의 힘으로 전쟁에서 승리한 것이 아니었습니다. 아이들에게 하나님이 기드온을 부르셔서 승리를 위해 사용하셨다는 사실을 강조해서 말해 주십시오. 기드온에게는 이스라엘을 구원할 능력이 없었습니다. 마찬가지로 우리도 자신을 죄로부터 구원할 수 없습니다. 예수님이 우리를 죄로부터 구원하시기 위해 오셨습니다. 오직 하나님만이 그리스도를 통해 우리를 구원하실 수 있다는 사실을 알려 주십시오.

겁쟁이 기드온이 용사가 되었어요

삿 6~8장

이스라엘 백성은 하나님의 말씀을 제대로 지키지 못했어요. 그래서 하나님은 미디안 사람들이 이스라엘을 7년 동안 다스리게 하셨어요. 미디안 사람들은 이스라엘 백성을 심하게 괴롭혔고, 이스라엘 백성은 미디안 사람들을 피해 숨었어요. 이스라엘 백성은 하나님을 사랑하고 하나님께 순종했던 때를 떠올렸어요. 그들은 하나님께 "우리를 구원해 주십시오!" 하고 부르짖었어요.

어느 날 여호와의 사자가 기드온에게 나타나 말했어요. "큰 용사여, 여호와께서 너와 함께 계시도다!" 기드온은 혼란스러웠어요. "하나님이 함께하신다면 왜 이 모든 일이 일어났습니까?" 하나님이 기드온에게 말씀하셨어요. "너는 가서 너의 힘으로 이스라엘을 미디안 사람들의 손에서 구원하라. 내가 너를 보낸 것이 아니냐!"

기드온은 두려웠어요. 기드온의 가족은 므낫세 지파 중에서 매우 약했고, 기드온은 형제 중에서도 막내였기 때문이에요. 그러나 하나님은 "내가 반드시 너와 함께할 것이다"라고 말씀하셨어요.

얼마 후에 기드온이 나팔을 불자 기드온과 함께 싸울 군사들이 기드온에게로 나아왔어요. 기드온은 하나님의 ★표적을 구했어요. "하나님, 저를 통해 이스라엘을 구원하시려거든, 제가 타작마당에 놓은 양털 한 뭉치에만 이슬이 있고 주변 땅은 말라 있게 해 주세요.

그러면 제가 하나님의 뜻을 믿겠습니다." 그리고 정확히 그렇게 되었어요. 다시 기드온은 하나님의 표적을 구했어요. 이번에는 양털만 마르고 주변 땅에는 이슬이 있게 해 달라고 했지요. 정확히 그렇게 되었어요.

하나님은 기드온에게 그를 따르는 군사가 너무 많다고 말씀하셨어요. 그리고 누구든지 두려워 떠는 자는 집으로 돌려보내라고 하셨어요. 그들을 돌려보내고 남은 자는 1만 명이었어요. 하나님은 "아직도 많다"라고 말씀하셨어요. 하나님은 시험을 준비하셨어요. 기드온에게 그들을 인도해 물가로 가서 물을 마시게 하셨지요. 무릎을 꿇고 물에 입을 대고 마신 자들은 집으로 돌려보냈고, 손으로 물을 떠서 먹은 300명의 사람들만 남았어요.

다음 날 기드온과 300명의 용사들은 손에 나팔과 횃불을 감춘 빈 항아리를 들고 미디안 진영으로 향했어요. 그들은 나팔을 불며 항아리를 부수고 횃불을 들었어요. 미디안 사람들은 모두 도망쳤어요. 기드온은 미디안 왕을 쫓아가서 죽게 했어요.

이스라엘 백성은 기드온에게 말했어요. "당신이 우리를 미디안의 손에서 구원했으니 우리를 다스리소서." 기드온은 "아닙니다. 하나님이 여러분을 구원하셨습니다. 하나님이 여러분을 다스리실 것입니다"라고 말하며 거

★표적 : 겉으로 드러난 표시, 사인

절했어요.

그러나 기드온이 죽자, 이스라엘 백성은 하나님께 불순종했어요. 그들은 대적의 손에서 그들을 구원하신 하나님을 잊어버렸어요.

●● 예수님 생각하기

이스라엘은 스스로를 구원할 수 없어서 하나님께 도와 달라고 부르짖었어요. 하나님은 그들을 구하는 데 기드온을 사용하셨지만, 그들을 위해 싸우신 분은 하나님이셨어요. 우리도 도움이 필요해요. 우리는 죄에서 구원받아야 하는데 우리 스스로는 구원할 수 없기 때문이에요. 하나님은 아들이신 예수님을 보내 우리를 구원하셨어요.

가스펠 준비

싱글벙글 —— 😊 **환영해요**

"다스리소서"(지도자용 팩)를 튼다. 아이들을 반갑게 맞이하며 헌금과 기도를 도와준다. 예배 중 헌금 순서가 있다면 아이들이 헌금을 잘 간수하도록 돕는다. 가방과 외투를 정리하도록 안내한다. 새로 온 아이가 있다면 음수대와 화장실의 위치를 알려 주고, 보호자와 만나는 시간과 방법 등을 소개한다. 보호자들을 위한 안내문을 붙여 아이와 만나는 시간, 기다리는 장소, 헌금 방법, 아이에 대한 특별한 주의 사항을 교사에게 미리 알려 주기 등을 공지한다.

너랑 나랑 —— 😊 **마음 열기**

주제와 관련 있는 퍼즐이나 블록 등 아이들이 좋아하는 장난감을 몇 가지 비치해 두고 다양한 활동을 하며 예배를 준비하도록 돕는다. 아이들이 마음을 열고 오늘의 주제에 관심을 갖게 하며 예배에 집중할 수 있도록 도와준다. 교회 형편에 맞게 시간과 활동 방법을 조절한다.

점점 줄어들어요! ✳ --

❶ 아이들을 모두 일어서게 한다.

❷ 아이들에게 인도자가 말하는 문장에 해당되는 경우 자리에 앉으면 된다는 게임의 규칙을 설명해 준다. 처음에는 적은 수의 아이들에 해당하는 문장을 말하다가 갈수록 많은 수의 아이들에 해당하는 문장을 말하면 좋다.
예) "나는 초록색 옷을 입고 있어요", "나는 파마를 했어요", "나는 오늘 운동화를 신고 왔어요", "나는 피자를 정말 좋아해요" 등.

❸ 아이들이 2~3명 남을 때까지 게임을 계속한다.

> **인도자** 2~3명밖에 남지 않았네요! 오늘의 성경 이야기에서 하나님은 매우 적은 수의 군대로 미디안을 물리치기 원하셨어요. 하나님은 아주 특별한 방법으로 누가 군대에 남아 싸울 것인지, 누가 집에 갈 것인지를 결정하셨어요. 그 방법이 무엇인지 함께 알아보아요.

무엇이 많고, 무엇이 적은가요? ✳ ------------------- 준비물 ▶ 분류할 물건(콩, 비즈, 블록 등), 바구니 2~3개

❶ 아이들에게 분류할 물건과 바구니 2~3개를 나누어 준 뒤 서로 의견을 나누어 다양한 방법으로(종류별로, 색깔별로, 크기별로) 분류해 보라고 한다.

❷ 분류가 끝나면 어떤 바구니에 담긴 물건의 숫자가 많고, 적은지 확인해 보라고 한다.

❸ 아이들에게 '많다'라는 말은 개수가 여럿이라는 의미이며, '적다'라는 말은 개수가 조금이라는 의미라고 설명해 준다.

❹ 아이들에게 많은 것과 적은 것 중에서 무엇이 좋은지 물어본다.

> **인도자** 우리는 대부분 많은 것이 좋다고 생각해요. 그런데 오늘의 성경 이야기에서 하나님은 기드온에게 군대에 사람이 너무 많다고 말씀하셨어요. 하나님은 왜 그런 말씀을 하셨을까요? 이스라엘 백성이 무엇을 알기를 원하셨는지 함께 알아보아요.

예배 대형으로 모이기

- 카운트다운 영상, 모이기 노래 등을 활용해 예배 대형으로 바꾸고 마음을 준비하게 한다.
- 공간을 이동해야 한다면 인도자의 사인(표적)을 구하며 가도록 한다.
  예) 아이들이 인도자에게 "우리가 걸어갈까요?"라고 물으면 인도자가 고개를 끄덕이거나 가로저어 답해 주는 식이다.

가스펠 설교

하나 — 들어가기

아이들의 이름을 각각 부르면서 "하나님은 ○○○(아이의 이름)와 함께하세요"라고 말해 준다.

기드온은 특별한 손님을 만났어요. 그 손님은 기드온에게 하나님이 기드온과 함께하신다고 말해 주었어요. 그 손님은 바로 하나님이 보내신 여호와의 사자였어요. 하나님은 기드온에게 특별한 일을 맡기셨고, 기드온을 도와주겠다고 말씀하셨어요.

둘 — 성경 이야기

사사기 6~8장을 편다. 설교 영상(지도자용 팩)을 보여 주거나 이야기 성경을 들려준다.

하나님은 성경에 하나님의 말씀을 담아 우리에게 주셨어요. 이것이 바로 성경이 가장 특별한 책인 이유예요. 성경의 모든 내용은 진리랍니다. 오늘의 성경 이야기는 '사사기'에 나와요.

셋 — 메시지와 정리

이스라엘은 다시 하나님을 잊어버렸어요. 하나님은 미디안 사람들이 이스라엘에 쳐들어오게 하셨어요. 미디안 사람들은 이스라엘 백성을 심하게 괴롭혔어요. 이스라엘 백성은 하나님께 구원해 달라고 부르짖었고, 하나님은 그들을 구원하셨어요. 하나님은 기드온이 300명이라는 적은 수의 이스라엘 군대를 이끌고 전쟁에 나가게 하셨어요. **하나님이 기드온에게 승리를 주셨어요.** 하나님은 이스라엘 백성을 위해 싸우셨고, 그들을 다시 구원하셨어요.

연대표(지도자용 팩)를 가리키면서 복습 질문을 한다.

1. 누가 기드온 앞에 나타났나요? 여호와의 사자
2. 여호와의 사자는 기드온을 무엇이라고 불렀나요? 큰 용사
3. 하나님은 기드온과 함께한 군대가 너무 많다고 하셨나요, 너무 적다고 하셨나요?
   너무 많다고 하셨다
4. 이스라엘 백성이 기드온에게 왕이 되어 달라고 하자 기드온은 무엇이라고 말했나요? 하나님이 이스라엘을 다스리실 것이라고 말했다

넷 — 성경의 초점

이번에는 2단원의 '성경의 초점' 질문에 답해 보세요. **"하나님은 어떻게 하나님의 계획을 이루시나요?"** 아이들의 대답을 기다린다. 잘했어요! 다 같이 말해 보아요. **"하나님은 하나님의 계획을 위해 사람들을 사용하세요."** 이스라엘 백성은 도움이 필요했어요. 그들은 하나님께 도와 달라고 부르짖었지요. 하나님은 하나님의 백성을 구하는 데 기드온을 사용하셨어요. 하지만 그들을 위해 싸우신 분은 바로 하나님이셨어요. 우리도 도움이 필요해요. 우리는 죄에서 구원받아야 하는데 우리 스스로는 구원할 수 없기 때문이에요. 하나님은 아들이신 예수님을 보내 우리를 구원하셨어요.

다섯 — 복음 초청

성경과 65쪽 복음 초청 가이드를 이용해서 아이들에게 그리스도인이 되는 법을 설명해 준다. 따로 상담해 줄 사람을 정해 주고 궁금한 점이 있으면 물어보도록 격려한다.

이 시간 예수님을 믿고 마음에 모시고 싶은 친구는 함께 기도해요.

여섯 — 기도

승리의 하나님, 감사해요. 하나님이 기드온와 함께하셔서 이스라엘이 승리했어요. 우리는 스스로를 구원할 수 없어요. 우리에게는 예수님이 필요해요. 예수님, 도와주세요. 함께해 주세요. 매일 예수님을 믿고 따라가게 해 주세요. 승리하는 우리가 되게 해 주세요. 예수님의 이름으로 기도합니다. 아멘.

일곱 — 암송송

성경에서 이사야 33장 22절을 펴고 큰 소리로 여러 번 따라 읽게 한다.

이스라엘 백성은 기드온에게 왕이 되어 달라고 했어요. 하지만 기드온은 미디안으로부터 이스라엘을 구원하신 분은 바로 하나님이시라는 사실을 기억하게 했어요. 2단원 암송 구절은 우리의 재판장이시고, 율법을 세우신 분이며, 왕이시며, 우리를 구원하시는 분이 바로 하나님이시라는 사실을 기억하게 해 주어요.

암송송(133쪽)에 맞추어 손유희를 하며 말씀을 익힌다.

"대저 여호와는 우리 재판장이시요 여호와는 우리에게 율법을 세우신 이요 여호와는 우리의 왕이시니 그가 우리를 구원하실 것임이라"(사 33:22).

tip 전체 구절 암송이 어려운 경우에는 표시 부분을 발췌해 외워도 좋다.

알콩달콩 ☺ **말씀 놀이**

누가누가 더 강한가요?

준비물 ▶ 유치부 교재 20쪽, 45쪽 '승리의 V' 스티커, 색연필

세상에서 가장 강한 분은 **하나님**이세요!

이야기 나누기

- 기드온과 300명의 용사들은 전쟁에 나가면서 어떤 기분이 들었을까요?
- 어떤 상황에서 두려워하나요? 그 이유는 무엇인가요?

❶ 각각의 힘의 크기만큼 막대에 색칠해 보라고 한다.

❷ 서로 겨루었을 때 이길 쪽에 유치부 교재 45쪽 '승리의 V' 스티커를 떼어 붙여 주라고 한다.

  tip 기드온은 미디안 군대를 두려워했지만 하나님이 함께하셔서 승리할 수 있었다고 이야기해 준다.

❸ "세상에서 가장 강한 분은 하나님이세요!"라는 아래 문장을 읽어 준다. 흐린 글씨를 따라 쓰고 다 함께 큰 소리로 "세상에서 가장 강한 분은 하나님이세요!"라고 외쳐 본다.

인도자 여러분은 군대의 숫자가 많은 것이 좋다고 생각하나요, 적은 것이 좋다고 생각하나요? 오늘의 성경 이야기에서 하나님은 기드온에게 군대의 숫자가 너무 많다고 말씀하셨어요. 하나님은 기드온이 300명이라는 적은 수의 군대를 이끌고 전쟁에 나가게 하셨어요. 하나님은 미디안과 싸운 상대가 이스라엘 백성 스스로가 아니라 하나님이시라는 사실을 알리기 원하셨기 때문이에요. **하나님이 기드온에게 승리를 주셨어요.** 하나님이 함께하시면 적은 수로도 승리할 수 있어요. 왜냐하면 하나님은 크고 강한 분이시기 때문이에요.

기드온의 나팔을 만들어요 ＊

준비물 ▶ 두꺼운 도화지, 꾸미기 도구(사인펜, 색연필, 스티커), 셀로판테이프

❶ 아이들에게 두꺼운 도화지를 나누어 주고 꾸미기 도구를 이용해 장식하게 한다.

❷ ❶을 나팔 모양으로 말되, 입으로 부는 부분의 지름이 2cm 정도 되도록 조정하고 셀로판테이프로 고정한다.

❸ 인도자가 나팔을 부는 시범을 보여 준다.

  tip 나팔 소리를 내고 싶다면 입으로 부는 부분에 호루라기를 붙이면 된다.

> 인도자 이스라엘 군대가 나팔을 불고 외치며 쫓아가자 미디안 사람들은 모두 도망쳤어요. **하나님이 기드온에게 승리를 주셨어요.** 하나님은 이스라엘 백성을 구하는 데 기드온을 사용하셨어요. 우리도 도움이 필요해요. 우리는 죄에서 구원받아야 하는데 우리 스스로는 구원할 수 없기 때문이에요. 하나님은 아들이신 예수님을 보내 우리를 구원하셨어요.

구조대원 퍼즐을 맞춰 보아요 ✱

준비물 ▶ 구조대원(경찰관, 소방관, 의사 등)이 그려진 그림이나 사진 자료, 가위

❶ 구조대원이 그려진 그림이나 사진 자료를 3~5조각으로 잘라 퍼즐로 만들어 둔다.

  tip 연령대가 높은 경우 7~10조각의 퍼즐로 만들어도 좋다.

❷ 아이들에게 각각 퍼즐 한 세트씩 나누어 준다. 아이들이 퍼즐을 완성하는 동안 2단원의 '성경의 초점' 질문과 답을 반복해서 말해 준다. 그리고 구조대원 퍼즐을 맞추는 이유가 무엇인지 아이들에게 물어본다.

> 인도자 구조대원들은 우리가 다치거나 아플 때 언제나 곁에서 도와주시는 분들이에요. 참 고마운 분들이지요? 하나님은 우리가 도움이 필요할 때 사람들을 보내 우리를 도와주세요. 이스라엘 백성은 도움이 필요했어요. 하나님은 이스라엘 백성을 구하는 데 기드온을 사용하셨어요. 우리도 도움이 필요해요. 우리는 죄에서 구원받아야 하는데 우리 스스로는 구원할 수 없기 때문이에요. 하나님은 아들이신 예수님을 보내 우리를 구원하셨어요.

이름표를 장식해요 ✱

준비물 ▶ 두꺼운 도화지, 가위, 네임펜, 꾸미기 도구(색연필, 사인펜, 반짝이 풀, 스티커 등)

❶ 두꺼운 도화지를 이름표 크기로 자른 후 네임펜을 이용해 아이들의 이름을 각각 써 준다.
❷ 꾸미기 도구를 이용해 자신의 이름표를 장식해 보라고 한다.
❸ 이름표를 완성했으면 차례대로 친구들에게 이름표를 보여 주며 자기 이름을 소개하는 시간을 갖는다.

> 인도자 여호와의 사자는 기드온을 '큰 용사'라고 불렀어요. 기드온은 자신이 큰 용사라고 생각하지 않았어요. 기드온의 가족은 므낫세 지파 중에서 매우 약했고, 기드온은 형제 중에서도 가장 막내였기 때문이에요. 그러나 **하나님이 기드온에게 승리를 주셨어요.** 하나님이 함께하심으로 기드온은 용사가 될 수 있었어요. 우리가 예수님을 믿으면 하나님은 우리와도 함께하세요. 하나님은 예수님을 보내 우리를 죄에서 구원하셨어요.

 간식

준비물 ▶ 다양한 간식, 물, 컵

❶ 카운트다운 영상, 정리하기 노래 등을 활용해 활동이 끝났음을 알린다. 아이들에게 주변을 정리하게 하고, 화장실에 가거나 물티슈 등을 이용해 손을 씻을 시간을 준다.

❷ 감사 기도를 드리고 다양한 간식과 물을 나누어 준다. 하나님이 기드온에게 군대의 숫자가 너무 많다고 말씀하셨던 일을 떠올려 준다. 물가에서 무릎을 꿇고 물에 입을 대고 마신 사람들은 집으로 돌아갔고, 손으로 물을 떠서 먹은 300명의 사람들만 남게 되었다고 이야기해 준다. 하나님은 적은 수의 군사들을 데리고 전쟁에 나간 기드온에게 승리를 주셨는데, 적은 수의 군대는 모든 사람에게 전쟁에서 싸우신 분이 바로 하나님이심을 보여 주었다고 말해 준다.

❸ 간식을 먹은 후 마무리 정리를 잘하도록 지도한다.

오순도순  마무리

준비물 ▶ 유치부 교재 43쪽 메시지 카드, 소그룹 활동지, 파일

❶ 이번 주 메시지 카드로 부모님과 함께 오늘 배운 성경 이야기를 나누어 보라고 한다.

가족과 활동해요

• 가족과 함께 두려움에 대해 나누어 보고, 성경에서 두려움에 대해 무엇이라고 이야기하는지 살펴보세요(딤후 1:7 참조).

• 이웃에게 예수님의 이야기를 들려주거나 그들을 교회로 인도하세요.

❷ 소그룹 활동지를 떼어 파일에 끼우고 가방에 정리하게 한다.

❸ 아이들을 위해 기도한다.

> 인도자 하나님, 이스라엘 백성이 도움이 필요할 때마다 도와주셔서 감사해요. 우리가 도움이 필요할 때도 사람들을 보내 우리를 도와주셔서 감사해요. 무엇보다도 하나님은 우리를 죄에서 구원해 주시기 위해 구원자 예수님을 보내 주셨어요. 우리에게 가장 필요한 것을 채워 주셔서 감사해요. 예수님의 이름으로 기도합니다. 아멘.

❹ 아이를 데리러 온 부모에게 아이가 특별히 즐거워했거나 잘했던 활동들에 대해 이야기해 주고, 가정에서 성경 읽기와 가족 활동을 진행할 수 있도록 격려한다.

 나만의 기록장

도움이 필요했던 순간 그리기

9

삼손에게 다시 힘을 주셨어요

[삿 13~16장]

주제	하나님은 삼손에게 힘을 주셨어요.
예수님 생각하기	삼손은 자기 죄로 죽게 되었지만 하나님은 삼손의 죽음을 통해 이스라엘 백성을 대적으로부터 구원하셨어요. 예수님은 결코 죄가 없으셨지만 우리의 죄를 위해 죽으셨어요. 예수님은 자신의 죽음과 부활로 믿는 사람들이 죄를 용서받고 영원한 생명을 얻게 하셨어요.
단원 암송	사 33:22
성경의 초점	하나님은 어떻게 하나님의 계획을 이루시나요? 하나님은 하나님의 계획을 위해 사람들을 사용하세요.

소라 땅에 사는 단 지파의 가족 중에 마노아라는 사람이 있었는데 그의 아내는 아기를 낳지 못했습니다. 여호와의 사자가 그 여인에게 나타나 곧 아들을 낳을 것인데 그는 하나님께 바쳐진 나실인이며, 블레셋에게서 이스라엘을 구원할 자가 될 것이라고 말했습니다.

삼손은 성장하며 하나님의 큰 복을 받아 놀라운 힘을 소유하게 되었습니다. 그러나 삼손이 블레셋 여인과 결혼하고 싶다고 했을 때 그의 부모는 혼란스러웠습니다. 블레셋으로부터 이스라엘을 구원할 자가 왜 블레셋 사람과 결혼하고 싶어 했던 것일까요? 그러나 하나님은 이 모든 일 가운데 놀라운 계획을 갖고 계셨습니다(삿 14:4).

삼손은 함께 결혼식을 준비하던 블레셋 사람들에게 자신이 겪었던 사건에 대해 수수께끼를 냈습니다(삿 14:5~14). 그들은 삼손의 아내를 협박해 답을 알아 오라고 했습니다. 그들이 수수께끼를 풀자 삼손은 화가 나서 여우 300마리를 잡아 와 꼬리와 꼬리를 매고 불을 붙이고 블레셋 사람들의 곡식밭으로 몰아들여서 다 태워 버렸습니다. 또 나귀 턱 뼈로 1,000명을 죽였습니다.

블레셋의 지도자들은 삼손을 죽이기로 결정했습니다. 삼손이 들릴라라는 여인과 다시 사랑에 빠지자 그들은 그녀에게 뇌물을 주어 삼손의 힘이 어디에서 나오는지 알아내게 했습니다. 삼손이 들릴라의 무릎을 베고 자고 있을 때 한 남자가 와서 삼손의 머리털을 밀어 버렸습니다. 삼손은 모든 힘을 잃고 무기력해졌습니다. 블레셋 사람들은 삼손을 붙잡아 눈을 빼고 감옥에서 맷돌을 돌리게 했습니다. 그러나 그의 머리털이 다시 자라기 시작했습니다.

어느 날 블레셋 지도자들은 그들의 신전에서 제사 지내며 잔치를 벌일 때 삼손을 불러다가 신전의 두 기둥 사이에 세워 재주를 부리게 했습니다. 삼손은 "주 여호와여 구하옵나니 나를 생각하옵소서 하나님이여 구하옵나니 이번만 나를 강하게 하사 나의 두 눈을 뺀 블레셋 사람에게 원수를 단번에 갚게 하옵소서"(삿 16:28)라고 간구했습니다. 하나님은 그에게 힘을 주셨고, 삼손은 기둥을 껴안아 신전을 무너뜨렸습니다. 삼손이 죽을 때 죽인 사람의 수가 살았을 때 죽인 수보다 더 많았습니다(삿 16:30).

●● 티칭 포인트

비록 삼손은 하나님께 불순종했지만 하나님은 그를 통해 블레셋 사람들로부터 이스라엘을 구하셨다는 사실을 아이들에게 알려 주십시오. 예수님은 마지막 구원자로 오셔서 자신의 삶과 죽음을 통해 그분을 믿는 자들을 구원하셨습니다.

삼손에게 다시 힘을 주셨어요

삿 13~16장

이스라엘 백성은 하나님께 순종하지 않았어요. 그래서 하나님은 이스라엘의 적인 블레셋이 이스라엘을 정복하게 하셨어요.

어느 날 하나님의 천사가 마노아라는 사람의 아내에게 나타났어요. "너는 아들을 낳게 될 것이다. 그런데 그의 머리카락을 잘라서는 안 된다. 그 아이는 배 속에서부터 하나님께 드려졌기 때문이다. 그가 블레셋 사람의 손에서 이스라엘을 구할 것이다."

곧 아기가 태어났고, 이름을 삼손이라고 지었어요. 하나님은 삼손에게 복을 주셨고, 큰 힘을 주셨어요.

어른이 된 삼손은 대적인 블레셋의 여인과 결혼하고 싶어 했어요. 그는 부모님과 함께 블레셋 여인을 만나러 갔어요. 가는 길에 젊은 사자 한 마리가 삼손에게 달려들었어요. 삼손은 사자를 맨손으로 싸워 죽게 했어요. 하지만 그 일을 부모님께 말하지 않았어요. 얼마 후 삼손은 결혼식을 치르러 가다가 그 사자를 보았어요. 사자의 몸에는 벌 떼와 꿀이 있었어요. 삼손은 손으로 그 꿀을 떠서 먹었고, 부모님께도 드렸어요.

블레셋 사람들이 삼손의 결혼식 준비를 도와주고 있었어요. 삼손은 그들에게 수수께끼를 냈어요. "먹는 자에게서 먹을 것이 나오고 강한 자에게서 단 것이 나왔느니라." 수수께끼의 정답은 사자와 꿀이었지만, 블레셋 사람들은 수수께끼를 풀지 못했어요. 그들은 삼손의 아내에게 도와 달라고 했어요. 수수께끼의 답을 알아낸 삼손의 아내는 그 답을 블레셋 사람들에게 알려 주었지요. 삼손이 속았던 거예요! 삼손은 화가 나서 아내를 떠났어요. 삼손이 다시 돌아왔을 때 그의 아내는 이미 떠나고 없었어요.

화가 난 삼손은 블레셋 사람들의 밭을 다 태워 버렸어요. 블레셋 사람들은 화가 났고, 삼손을 해치고 싶어 했어요.

삼손은 들릴라라는 블레셋 여인을 사랑하게 되었어요. 블레셋 사람들은 들릴라에게 돈을 주며 삼손이 가진 큰 힘의 비밀을 알아내라고 했어요. 들릴라는 여러 차례 힘의 비밀을 알아내려다 실패했어요. 그러다가 마침내 삼손은 들릴라에게 진짜 비밀을 말해 주고 말았어요. "만약 내 머리카락을 잘라 버리면 힘이 빠져서 약해진다오."

삼손이 자고 있을 때 블레셋 사람이 와서 그의 머리카락을 잘랐어요. 들릴라가 소리쳤어요. "삼손! 블레셋 사람들이 쳐들어왔어요!" 하지만 삼손에게는 더 이상 힘이 없었어요. 블레셋 사람들은 삼손을 붙잡아 눈을 빼고, 청동 사슬로 묶어 감옥에 가두었답니다. 그렇지만 삼손의 머리카락이 다시 자라기 시작했어요.

어느 날 블레셋 사람들은 그들의 신 다곤에게 제사를 드리는 신전에서 삼손을 불러 재주를 부리게 하자고 했어요. 그들은 삼손을 신전의 두 기둥 사이에 세웠어요. 삼손은 하나님께 부르짖었어요. "하나님, 저를 기억해 주세요. 한 번만 저를 강하게 해 주세요. 원수를 단번에 갚게 해 주세요." 그러자 하나님이 삼손에게 힘을 주셨어요. 삼손이 두 기둥을 껴안고 힘을 다해 몸을 굽히자 신전이 무너졌어요. 삼손과 그곳에 있던 모든 블레셋 사람이 죽었어요.

● ● 예수님 생각하기

삼손은 자기 죄로 죽게 되었지만 하나님은 삼손의 죽음을 통해 이스라엘 백성을 대적으로부터 구원하셨어요. 예수님은 결코 죄가 없으셨지만 우리의 죄를 위해 죽으셨어요. 예수님은 자신의 죽음과 부활로 믿는 사람들이 죄를 용서받고 영원한 생명을 얻게 하셨어요.

가스펠 준비

싱글벙글 — 환영해요

"다스리소서"(지도자용 팩)를 튼다. "강하고 담대하라"(지도자용 팩)를 튼다. 아이들을 반갑게 맞이하며 헌금과 기도를 도와준다. 예배 중 헌금 순서가 있다면 아이들이 헌금을 잘 간수하도록 돕는다. 가방과 외투를 정리하도록 안내한다. 새로 온 아이가 있다면 음수대와 화장실의 위치를 알려 주고, 보호자와 만나는 시간과 방법 등을 소개한다. 보호자들을 위한 안내문을 붙여 아이와 만나는 시간, 기다리는 장소, 헌금 방법, 아이에 대한 특별한 주의 사항을 교사에게 미리 알려 주기 등을 공지한다.

너랑 나랑 — 마음 열기

주제와 관련 있는 퍼즐이나 블록 등 아이들이 좋아하는 장난감을 몇 가지 비치해 두고 다양한 활동을 하며 예배를 준비하도록 돕는다. 아이들이 마음을 열고 오늘의 주제에 관심을 갖게 하며 예배에 집중할 수 있도록 도와준다. 교회 형편에 맞게 시간과 활동 방법을 조절한다.

손가락 씨름을 해요 ✽

❶ 아이들에게 둘씩 짝을 지어 손가락 씨름을 하는 방법을 알려 준다.

❷ 펴는 손가락 개수를 늘려 가며 반복해서 게임한다.

> **인도자** 와! 하나님은 여러분에게 손가락과 손가락을 사용할 수 있는 힘을 주셨어요! 정말 힘이 센 걸요! 모두 잘했어요. 오늘의 성경 이야기에는 매우 강한 어떤 사람이 나와요. 그의 이름은 삼손이에요. 삼손이 강한 이유는 하나님이 강하게 하셨기 때문이에요. 하나님이 삼손의 힘을 어떻게 사용하셨는지 함께 알아보아요.

머리카락으로 놀아요 ✽   준비물 ▶ 긴 머리카락

❶ 아이들을 둘씩 짝을 지은 후 긴 머리카락을 한 가닥씩 나누어 준다.

❷ 머리카락을 엇갈리게 대고 밀거나 당겨 상대방이 가진 머리카락을 먼저 끊는 사람이 승자가 된다는 게임의 규칙을 설명해 준다.

❸ 이긴 사람끼리 겨루어 최후에 남은 2명으로 우승을 가리는 토너먼트식으로 진행해도 좋다. 끊어진 머리카락은 한데 모아 정리한다.

> **인도자** 누가 가진 머리카락이 가장 강했나요? 오늘의 성경 이야기에서 여호와의 사자가 한 부부에게 나타났어요. 그는 그들이 아들을 낳게 될 것이라고 말해 주었지요. 하나님은 아이에 대해 특별히 지켜야 할 사항을 말씀해 주셨어요. 절대 머리카락을 잘라서는 안 된다는 것이었어요. 어느 날 누군가가 그의 머리카락을 잘랐고, 정말 슬픈 일이 일어났어요. 무슨 일이었는지 함께 들어 보아요.

예배 대형으로 모이기

- 카운트다운 영상, 모이기 노래 등을 활용해 예배 대형으로 바꾸고 마음을 준비하게 한다.
- 공간을 이동해야 한다면 힘이 센 것처럼 근육을 자랑하는 흉내를 내며 가도록 한다.

가스펠 설교

들어가기

마지막으로 머리카락을 자른 적이 언제인가요? 오늘의 성경 이야기에서 하나님은 한 부모에게 이상한 명령을 내리셨어요. 곧 아이가 태어날 텐데 그 아이의 머리카락을 절대 자르지 말라는 것이었지요.

둘 — 성경 이야기

사사기 13~16장을 편다. 설교 영상(지도자용 팩)을 보여 주거나 이야기 성경을 들려준다.

하나님은 성경에 하나님의 말씀을 담아 우리에게 주셨어요. 성경에 나오는 모든 내용은 진리예요. 성경은 우리가 알아야 할 모든 것을 우리에게 말해 주어요.

셋 — 메시지와 정리

이스라엘 백성은 계속해서 하나님께 불순종했어요. 하나님은 블레셋이 이스라엘을 다스리게 하셨지요. **하나님은 삼손에게 힘을 주셔서** 이스라엘을 대적들에서 구하게 하셨어요. 삼손은 자기 죄로 죽게 되었지만 하나님은 삼손의 죽음을 통해 이스라엘 백성을 대적으로부터 구원하셨어요. 예수님은 결코 죄가 없으셨지만 우리의 죄를 위해 죽으셨어요. 예수님은 자신의 죽음과 부활로 믿는 사람들이 죄를 용서받고 영원한 생명을 얻게 하셨어요.

연대표(지도자용 팩)를 가리키면서 복습 질문을 한다.

1. 하나님은 삼손의 부모에게 무엇이라고 말씀하셨나요? 이제 태어날 아이가 블레셋 사람의 손에서 이스라엘을 구원할 것이다
2. 하나님이 삼손의 부모에게 주신 특별한 지시는 무엇인가요? 아이의 머리카락을 자르지 말라
3. 삼손이 사랑한 여인의 이름은 무엇인가요? 들릴라
4. 블레셋 사람이 삼손의 머리카락을 자르자 무슨 일이 일어났나요? 하나님이 삼손의 힘을 도로 가져가셨다
5. 삼손은 어떻게 블레셋 신전을 무너뜨릴 수 있었나요? 하나님이 삼손에게 다시 힘을 주셨다

넷 — 성경의 초점

2단원의 '성경의 초점'은 **"하나님은 어떻게 하나님의 계획을 이루시나요?"**, **"하나님은 하나님의 계획을 위해 사람들을 사용하세요"**예요. 삼손은 죄를 지었지만 하나님은 삼손을 사용해 이스라엘 백성을 블레셋으로부터 구원하셨어요. 하나님은 우리 같은 죄인들을 통해서도 하나님의 계획을 이루실 수 있어요.

다섯 — 복음 초청

성경과 65쪽 복음 초청 가이드를 이용해서 아이들에게 그리스도인이 되는 법을 설명해 준다. 따로 상담해 줄 사람을 정해 주고 궁금한 점이 있으면 물어보도록 격려한다.

이 시간 예수님을 믿고 마음에 모시고 싶은 친구는 함께 기도해요.

여섯 — 기도

하나님, 우리를 죄에서 구원하기 위해 예수님을 보내 주셔서 감사해요. 또 하나님의 일을 이루는 일에 우리를 사용해 주셔서 감사해요. 하나님의 계획에 순종하기를 원해요. 도와주세요. 예수님의 이름으로 기도합니다. 아멘.

일곱 — 암송송

성경에서 이사야 33장 22절을 펴고 큰 소리로 여러 번 따라 읽게 한다.

하나님은 어떤 분이신가요? 블레셋이 이스라엘 백성을 괴롭힐 때 어떻게 하셨나요? 아이들의 대답을 기다린다. 삼손을 사사로 세워 이스라엘 백성을 구원하셨어요. 2단원 암송 구절은 하나님이 하나님의 백성을 구원하시는 분이라고 말해 주어요. 우리의 재판장이시고, 율법을 세우신 분이고, 우리의 왕이신 하나님은 어떠한 상황에서도 우리를 구원해 주신다는 사실을 잊지 마세요.

암송송(133쪽)에 맞추어 손유희를 하며 말씀을 익힌다.

"대저 여호와는 우리 재판장이시요 여호와는 우리에게 율법을 세우신 이요 여호와는 우리의 왕이시니 그가 우리를 구원하실 것임이라"(사 33:22).

tip 전체 구절 암송이 어려운 경우에는 표시 부분을 발췌해 외워도 좋다.

알콩달콩 😊 말씀 놀이

삼손을 그려 보아요
준비물 ▶ 유치부 교재 22쪽, 색연필

이야기 나누기
- 삼손은 자신의 강한 힘이 어디에서 왔는지 알고 있었나요?
- 하나님이 나에게 주신 재능은 무엇인가요? 그것을 어떻게 사용해야 할까요?

❶ 하나님은 삼손에게 엄청난 힘을 주셨고, 또한 삼손은 하나님께 드려진 사람(나실인)이라서 태어나서 머리카락을 한 번도 자르지 않았다고 말해 준다.

❷ 머리카락이 길고 힘이 아주 센 삼손의 모습을 상상해 그려 보라고 한다.

> 인도자 **하나님은 삼손에게 힘을 주셨어요.** 삼손은 하나님께 드려진 사람, 즉 나실인이었어요. 그는 하나님이 명령하신 대로 태어나서 머리카락을 한 번도 자르지 않았답니다. 안타깝게도 삼손은 자기 힘의 비밀을 말해 버리는 바람에 머리카락이 잘려 힘을 잃고 말았어요. 하지만 결국 하나님은 삼손의 강한 힘을 사용해 이스라엘을 블레셋 사람의 손에서 구원하셨어요.

아기를 돌보아요 *
준비물 ▶ 아기 인형, 포대기(큰 수건이나 담요 등)

❶ 아이들에게 아기 인형을 보여 주고 가족이나 친척, 이웃 중에 아기가 있는지 물어본다.

❷ 자원하는 아이에게 아기 인형을 포대기로 업혀 주어 돌보게 한다.

> 인도자 여호와의 사자가 한 부모에게 나타나 아들을 낳게 될 것이라고 말했어요. 하나님은 그 아이가 블레셋 사람의 손에서 이스라엘을 구원할 것이라고 말씀하셨어요. 그 부

부는 곧 아기를 낳았는데, 이름을 삼손이라고 지었어요. **하나님은 삼손에게 힘을 주셨어요.** 삼손은 자기 죄로 죽게 되었지만 하나님은 삼손의 죽음을 통해 이스라엘 백성을 대적으로부터 구원하셨어요. 예수님은 결코 죄가 없으셨지만 우리의 죄를 위해 죽으셨어요. 예수님은 자신의 죽음과 부활로 믿는 사람들이 죄를 용서받고 영원한 생명을 얻게 하셨어요.

무엇이 더 무겁나요? *

> 준비물 ▶ 무게를 비교할 수 있는 다양한 물건들(탱탱볼과 농구공, 필통과 책가방, 동화책과 국어사전 등)

❶ 아이들에게 무게를 비교할 수 있는 다양한 물건들을 짝을 지어 차례로 설명해 준다.

❷ 각각의 물건을 아이들의 양손에 하나씩 올려놓고, 무엇이 더 무거운지 이야기해 보라고 한다.

> tip 아이들이 충분히 들 수 있는 안전한 물건을 준비하도록 한다.

> 인도자 무거운 물건을 들려면 힘이 세야 하겠지요? **하나님은 삼손에게 힘을 주셨어요.** 삼손은 힘이 세서 블레셋 신전을 받치고 있는 기둥을 껴안아 무너뜨릴 수 있었어요. 비록 삼손은 신전을 무너뜨리면서 죽었지만 하나님은 삼손의 죽음을 통해 이스라엘 백성을 도와주셨어요. 예수님은 결코 죄가 없으셨지만 우리의 죄를 위해 죽으셨어요. 예수님은 자신의 죽음과 부활로 믿는 사람들이 죄를 용서받고 영원한 생명을 얻게 하셨어요.

삼손이 되어 보아요 *

❶ '삼손'이 되어 보기를 자원하는 아이들 3명을 앞으로 나오게 한다.

❷ 인도자가 제시하는 문장을 따라 '삼손'처럼 행동해 보라고 말해 준다.

예) • 블레셋 사람이 삼손의 머리카락을 잘랐어요.　　• 삼손은 힘을 잃었어요.
　　• 삼손은 사슬에 묶여 블레셋 감옥에 갇혔어요.　　• 삼손은 블레셋 신전의 두 기둥 사이에 섰어요.
　　• 삼손은 하나님께 간절히 기도했어요.　　• 삼손은 두 기둥을 껴안고 힘을 다해 몸을 굽혔어요.

❸ 모든 아이에게 일어서서 다 같이 '삼손'이 되어 보자고 한 후 활동을 반복한다.

> 인도자 삼손이 부르짖자 **하나님은 삼손에게** 다시 **힘을 주셨어요.** 삼손이 블레셋 신전의 두 기둥을 껴안고 몸을 굽히자 신전이 무너졌어요. 삼손과 그곳에 있던 모든 사람이 죽었어요. 삼손은 자기 죄로 죽게 되었지만 하나님은 삼손의 죽음을 통해 이스라엘 백성을 대적으로부터 구원하셨어요. 예수님은 결코 죄가 없으셨지만 우리의 죄를 위해 죽으셨어요. 예수님은 자신의 죽음과 부활로 믿는 사람들이 죄를 용서받고 영원한 생명을 얻게 하셨어요.

간식

준비물 ▶ 기둥 모양의 쌀강정

❶ 카운트다운 영상, 정리하기 노래 등을 활용해 활동이 끝났음을 알린다. 아이들에게 주변을 정리하게 하고, 화장실에 가거나 물티슈 등을 이용해 손을 씻을 시간을 준다.

❷ 감사 기도를 드리고 기둥 모양의 쌀강정을 간식으로 나누어 준다. 하나님이 삼손에게 다시 힘을 주셔서 삼손이 블레셋 신전의 기둥을 무너뜨리고 블레셋 사람들을 죽게 했다는 오늘의 성경 이야기를 떠올려 준다. 하나님은 삼손의 죽음을 통해 이스라엘 백성을 도와주셨고, 또한 예수님의 죽음을 통해 믿는 자들을 죄에서 구원하셨다고 이야기해 준다.

❸ 간식을 먹은 후 마무리 정리를 잘하도록 지도한다.

마무리

준비물 ▶ 유치부 교재 43쪽 메시지 카드, 소그룹 활동지, 파일

❶ 이번 주 메시지 카드로 부모님과 함께 오늘 배운 성경 이야기를 나누어 보라고 한다.

가족과 활동해요

• 가족 올림픽이나 힘 자랑 대회를 개최해 보세요.
• 물이나 음료수를 가지고 근처 공원으로 가서 운동하는 사람들에게 나누며 예수님을 전해 보세요.

❷ 소그룹 활동지를 떼어 파일에 끼우고 가방에 정리하게 한다.

❸ 아이들을 위해 기도한다.

> 인도자 하나님, 삼손이 죄를 지었을지라도 하나님의 백성을 구할 수 있도록 해 주셔서 감사해요. 우리도 죄를 짓고 많이 부족하지만 하나님이 기뻐하시는 일을 하기 원해요. 삼손이 하나님이 주신 힘으로 마지막까지 최선을 다한 것처럼 우리도 우리가 가진 재능으로 하나님께 영광 돌릴 수 있도록 도와주세요. 예수님의 이름으로 기도합니다. 아멘.

❹ 아이를 데리러 온 부모에게 아이가 특별히 즐거워했거나 잘했던 활동들에 대해 이야기해 주고, 가정에서 성경 읽기와 가족 활동을 진행할 수 있도록 격려한다.

 **나만의 기록장**

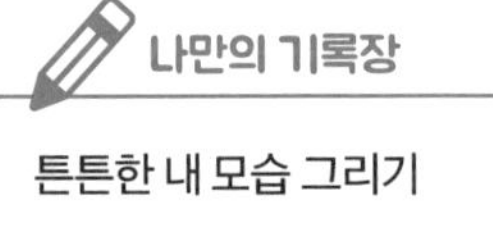 튼튼한 내 모습 그리기

10

롯과 나오미를
보살펴 주셨어요

[룻 1~4장]

주제	하나님은 룻에게 보아스를 보내 주셨어요.
예수님 생각하기	보아스는 룻과 나오미를 책임져 줄 사람이 있었어요. 문제가 생겼을 때 도와줄 책임이 있는 가까운 친척이었지요. 보아스는 가까운 친척인 룻과 나오미를 돌보았어요. 룻과 나오미 모두 남편을 잃었기 때문이에요. 예수님은 보아스처럼 우리를 도와주시는 분이에요. 예수님은 십자가에서 죽으심으로 우리의 죄를 가져가시고, 우리의 구원자가 되셨어요.
단원 암송	사 33:22
성경의 초점	하나님은 어떻게 하나님의 계획을 이루시나요? 하나님은 하나님의 계획을 위해 사람들을 사용하세요.

성경의 제목 중 여인의 이름으로 된 책은 단 두 권뿐입니다. 바로 룻기와 에스더서입니다. 룻의 이야기는 사사 시대를 배경으로 합니다. 당시 사람들은 반역과 부도덕함으로 특징지어집니다. 이스라엘 백성이 그들을 인도할 왕을 달라고 하나님께 요구하던 시대에 룻의 신실함은 예수님께 초점을 맞추게 합니다. 예수님은 사람들이 기다리던 구원자로서 모든 잘못을 바로잡으실 분이었습니다.

룻은 나오미의 며느리였습니다. 나오미는 원래 베들레헴 출신이었으나 남편과 두 아들과 함께 흉년을 피해 모압 지방에 거했습니다. 나오미의 남편이 죽은 후, 두 아들은 각각 모압 여인인 오르바와 룻과 결혼했습니다. 그들은 모압에 거주한 지 10년쯤 되었을 무렵에 모두 죽고 말았습니다.

나오미는 여호와께서 자기 백성을 돌보셔서 그들에게 양식을 주셨다는 소식을 듣고 유다 땅으로 돌아가기로 결정했습니다. 오르바는 자신의 집으로 돌아갔으나 룻은 나오미와 함께 남았습니다. 룻은 이렇게 말했습니다. "어머니께서 가시는 곳에 나도 가고 어머니께서 머무시는 곳에서 나도 머물겠나이다 어머니의 백성이 나의 백성이 되고 어머니의 하나님이 나의 하나님이 되시리니"(룻 1:16). 나오미와 룻은 베들레헴으로 함께 돌아갔습니다.

나오미는 룻이 밭에서 이삭을 줍도록 허락했습니다. 밭의 주인은 보아스라는 사람으로, 나오미의 남편 엘리멜렉의 친족이었으며 '기업 무를 자'였습니다. 기업 무를 자란 문제가 생겼을 때 도와줄 책임이 있는 가까운 친척을 말합니다. 보아스는 룻에게 이삭을 주우러 다른 밭으로 가지 말고 안전하게 자신의 밭에 있으라고 말했습니다.

룻은 나오미의 말에 따라 보아스에게 가서 기업 무를 자가 되어 달라고 말했습니다. 보아스는 나오미의 남편이 팔아 버렸던 땅을 다시 사서 돌려주었고 룻과 결혼했습니다. 그들은 아들을 낳아 오벳이라는 이름을 지어 주었습니다. 오벳은 다윗왕의 할아버지입니다.

● ● **티칭 포인트**

하나님은 이방인인 룻을 예수 그리스도의 계보에 특별히 집어넣으셨습니다. 아이들에게 우리의 구세주이신 예수님을 소개해 주십시오. 그분이 자신의 피로 대가를 치르시고 우리를 구원하셨다는 기쁜 소식을 알려 주십시오.

룻과 나오미를 보살펴 주셨어요

룻 1~4장

나오미는 유다의 베들레헴 지방에서 남편과 두 아들과 함께 살고 있었어요. 그때 그 땅에 흉년이 들어서 사람들이 먹을 것이 부족해졌어요. 나오미의 가족은 모압으로 이사를 가기로 결정을 내렸어요. 모압에는 먹을 것이 있었거든요.

모압에 있는 동안 나오미의 남편은 죽고 말았어요. 나오미와 아들들은 슬퍼했어요. 나오미의 아들들은 각각 모압 사람인 오르바, 룻과 결혼했어요. 그런데 슬프게도 나오미의 아들들도 죽고 말았어요. 나오미, 오르바, 룻은 모두 남편을 잃고 혼자가 되었어요. 나오미는 고향인 유다 베들레헴으로 돌아가고 싶어 했어요. 이제 흉년이 끝나 유다에 먹을 것이 있었거든요.

오르바와 룻은 나오미와 함께 살고 있었지만 나오미는 그들을 돌보아 줄 수가 없었어요. 그래서 그들에게 모압에 있는 가족에게로 돌아가라고 말했어요. 세 여인은 헤어지기 아쉬워했어요. 나오미가 설득해 오르바는 집으로 돌아갔지만, 룻은 나오미 옆에 남았어요. 룻은 이렇게 말했어요. "어머니께서 가시는 곳에 저도 가고 어머니께서 머무시는 곳에서 저도 머물겠습니다. 어머니의 백성이 저의 백성이 되고, 어머니의 하나님이 저의 하나님이 되실 것입니다." 그래서 룻과 나오미는 함께 유다 베들레헴으로 돌아왔어요.

그때는 추수하는 계절이었어요. 당시 추수하는 사람들은 곡식이 필요한 가난한 사람들을 위해 밭에 떨어진 이삭을 모두 다 줍지 않고 일부를 남겨 놓았어요. 나오미는 룻이 밭에 가서 이삭을 주워 오겠다고 하자 허락해 주었어요.

룻이 우연히 들어간 밭은 보아스의 밭이었어요. 보아스는 나오미의 남편의 친척으로, 착한 사람이었어요. 보아스는 밭에서 룻이 일하는 것을 보았어요. 그는 룻이 나오미를 정성으로 대한 이야기를 전해 듣고는 룻에게 자기 밭에서 안전하게 이삭을 주우라고 말했어요. 보아스는 룻이 주워 갈 수 있도록 일꾼들에게 밭에 이삭을 충분히 남기라고 했어요. 룻은 밭에서 이삭을 많이 모을 수 있었어요.

룻이 나오미에게 돌아가 보아스에 대해 이야기하자 나오미는 이렇게 말했어요. "하나님이 보아스에게 복 주시기를 원한다. 보아스는 우리가 겪는 어려움을 도와줄 책임이 있는 가까운 친척이란다." 나오미는 룻에게 보아스의 밭에서 일하라고 이야기했어요.

나오미는 보아스가 룻에게 좋은 남편이 될 것을 알고 있었어요. 그래서 룻에게 특별한 일을 시켰지요. 룻은 자신이 갖고 있는 가장 좋은 옷을 입고 나오미가 시킨 대로 했어요. 보아스에게 결혼하고 싶다는 뜻을 전했지요. 보아스는 룻을 보고 깜짝 놀랐어요. 룻은 이렇게 말했어요. "저는 당신의 여종 룻입니다. 당신은 저를 돌보아 주실 분입니다." 보아스는 룻을 도와주겠다고 약속했어요. 그 말은 룻과 결혼하겠다는 뜻이었어요. 보아스는 룻에게 곡식을 주고 나오미에게 돌려보냈어요.

보아스는 룻과 결혼해서 오벳이라는 아들을 낳았어요. 나오미가 오벳을 돌보았지요. 오벳은 자라서 이새를 낳았어요. 이새는 우리가 정말 좋아하는 다윗왕의 아버지랍니다.

보아스는 룻과 나오미를 책임져 줄 사람이었어요. 문제가 생겼을 때 도와줄 책임이 있는 가까운 친척이었지요. 보아스는 가까운 친척인 룻과 나오미를 돌보았어요. 룻과 나오미 모두 남편을 잃었기 때문이에요. 예수님은 보아스처럼 우리를 도와주시는 분이에요. 예수님은 십자가에서 죽으심으로 우리의 죄를 가져가시고, 우리의 구원자가 되셨어요.

가스펠 준비

싱글벙글 🙂 환영해요

"다스리소서"(지도자용 팩)를 튼다. "강하고 담대하라"(지도자용 팩)를 튼다. 아이들을 반갑게 맞이하며 헌금과 기도를 도와준다. 예배 중 헌금 순서가 있다면 아이들이 헌금을 잘 간수하도록 돕는다. 가방과 외투를 정리하도록 안내한다. 새로 온 아이가 있다면 음수대와 화장실의 위치를 알려 주고, 보호자와 만나는 시간과 방법 등을 소개한다. 보호자들을 위한 안내문을 붙여 아이와 만나는 시간, 기다리는 장소, 헌금 방법, 아이에 대한 특별한 주의 사항을 교사에게 미리 알려 주기 등을 공지한다.

너랑 나랑 🙂 마음 열기

주제와 관련 있는 퍼즐이나 블록 등 아이들이 좋아하는 장난감을 몇 가지 비치해 두고 다양한 활동을 하며 예배를 준비하도록 돕는다. 아이들이 마음을 열고 오늘의 주제에 관심을 갖게 하며 예배에 집중할 수 있도록 도와준다. 교회 형편에 맞게 시간과 활동 방법을 조절한다.

2인 3각을 해 보아요 ＊ 준비물 ▶ 끈

❶ 아이들을 둘씩 짝을 지은 후 팀별로 끈을 하나씩 나누어 준다.
  tip 키와 몸무게가 비슷한 아이끼리 짝을 이루도록 하는 것이 좋다.
❷ 짝끼리 어깨를 나란히 세우고, 맞닿은 다리끼리 발목 부분을 끈으로 묶어 준다.
❸ 아이들에게 3개의 다리를 한 채 예배실을 걸어 보라고 한다.
  tip 연령대가 낮은 경우 끈으로 다리를 묶는 대신 손을 잡게 해도 좋다.

인도자 다리를 함께 묶는다는 것은 어디든 같이 가야 한다는 뜻이에요. 오늘의 성경 이야기에서 룻은 우리처럼 나오미와 함께 묶여 있지는 않았지만, "어머니께서 가시는 곳에 저도 가고 어머니께서 머무시는 곳에서 저도 머물겠습니다. 어머니의 백성이 저의 백성이 되고, 어머니의 하나님이 저의 하나님이 되실 것입니다"(룻 1:16)라고 말했어요. 룻에게 무슨 일이 있었는지 궁금하지요? 이제부터 들어 보아요.

접시에 음식을 채워요 ＊ 준비물 ▶ 잡지에서 잘라 놓은 음식 사진(그림), 종이 접시, 풀

❶ 아이들에게 종이 접시를 하나씩 나누어 주고 오목한 부분에 음식 사진을 풀로 붙이라고 한다.
❷ "어떤 음식이 가장 먹고 싶나요?", "어떤 음식은 먹기 힘든가요?", "만약 음식이 없다면 어떠할 것 같나요?" 등 음식과 관련된 다양한 질문을 던진 후 이야기를 나누어 본다.

인도자 오늘의 성경 이야기에서 나오미의 가족은 약속의 땅을 떠났어요. 배가 고팠기 때문이에요. 흉년이 들어 그 땅에는 먹을 것이 부족했기 때문에 그들은 모압으로 이사를 갔어요. 모압에는 먹을 것이 있었거든요. 모압에서 나오미의 가족에게는 아주 슬픈 일이 일어났어요. 무슨 일이 일어났는지 함께 알아보아요.

예배 대형으로 모이기

- 카운트다운 영상, 모이기 노래 등을 활용해 예배 대형으로 바꾸고 마음을 준비하게 한다.
- 공간을 이동해야 한다면 곡식을 추수하는 흉내를 내며 가도록 한다.

가스펠 설교

하나 — 들어가기

여러분의 가족은 어디에서 음식을 얻나요? 마트에 가나요, 아니면 농장으로 가나요? 혹은 음식점에 가서 음식을 사 먹나요? 오늘의 성경 이야기에서 나오미의 가족은 이사를 했어요. 그들이 사는 땅에는 음식이 충분하지 않았기 때문이에요. 하나님은 나오미와 그 가족의 필요를 특별한 방법으로 채워 주셨어요.

둘 — 성경 이야기

룻기 1~4장을 편다. 설교 영상(지도자용 팩)을 보여 주거나 이야기 성경을 들려준다.

하나님은 성경에 하나님의 진리의 말씀을 담아 주셨어요. 성경은 우리에게 하나님이 어떤 분이신지, 그리고 어떤 일을 하셨는지를 알려 주어요. 오늘의 성경 이야기는 '룻기'에 나와요. 이 이야기는 사사가 이스라엘을 다스리던 시대에 있었던 일이에요.

셋 — 메시지와 정리

나오미와 룻은 도움이 필요했어요. 그들에게는 더 이상 먹을 만한 음식도 없었고, 돌보아 줄 사람도 없었거든요. 그러나 **하나님은 룻에게 보아스를 보내 주셨어요.** 보아스는 룻과 나오미를 책임져 줄 사람이었어요. 문제가 생겼을 때 도와줄 책임이 있는 가까운 친척이었지요. 보아스는 룻과 결혼했어요. 하나님이 룻에게 가족을 주신 거예요. 다윗 왕과 우리의 왕이신 예수님은 보아스와 룻의 후손으로 태어나셨답니다. 예수님은 보아스처럼 우리를 도와주시는 분이에요. 예수님은 십자가에서 죽으심으로 우리의 죄를 가져가시고, 우리의 구원자가 되셨어요.

연대표(지도자용 팩)를 가리키면서 복습 질문을 한다.

1. 모압으로 이사 간 나오미의 남편과 아들들에게 어떤 일이 일어났나요? 모두 죽었다
2. 나오미와 함께 유다 베들레헴으로 돌아온 사람은 누구인가요? 룻
3. 룻은 누구의 밭에서 이삭을 주웠나요? 보아스
4. 하나님은 룻과 나오미를 보살펴 주기 위해 누구를 보내셨나요? 보아스
5. 보아스는 룻의 가족을 어떻게 도와주었나요? 룻과 결혼해 돌보아 주었다

넷 — 성경의 초점

2단원의 '성경의 초점'을 기억하나요? **"하나님은 어떻게 하나님의 계획을 이루시나요?", "하나님은 하나님의 계획을 위해 사람들을 사용하세요."** 다윗왕의 증조할머니가 된 룻이 어려움에 빠졌을 때 하나님은 룻과 나오미를 어떻게 도와주셨나요? 아이들의 대답을 기다린다. 하나님은 보아스를 사용하셨어요. 보아스는 룻과 나오미를 책임져 줄 사람이었어요. 문제가 생겼을 때 도와줄 책임이 있는 가까운 친척이었지요. 보아스는 가까운 친척인 룻과 나오미를 돌보았어요.

다섯 — 복음 초청

성경과 65쪽 복음 초청 가이드를 이용해서 아이들에게 그리스도인이 되는 법을 설명해 준다. 따로 상담해 줄 사람을 정해 주고 궁금한 점이 있으면 물어보도록 격려한다.

이 시간 예수님을 믿고 마음에 모시고 싶은 친구는 함께 기도해요.

여섯 — 기도

하나님, 언제나 우리를 돌보아 주시고 구원해 주셔서 감사해요. 또한 예수님을 우리의 구원자로 보내 주셔서 감사해요. 예수님은 십자가에서 죽으심으로 우리의 죄를 가져가 주셨어요. 우리가 하나님이 돌보아 주시는 손길을 항상 느끼며 살 수 있도록 도와주세요. 예수님의 이름으로 기도합니다. 아멘.

일곱 — 암송송

성경에서 이사야 33장 22절을 펴고 큰 소리로 여러 번 따라 읽게 한다.

하나님은 우리가 살아가면서 만나는 사람들을 사용하세요. 하지만 모든 일을 주관하시는 분은 하나님 한 분뿐이세요. 하나님은 우리의 재판장이시자, 율법을 세우신 분이고, 우리의 왕이세요. 하나님만이 우리를 구원하실 수 있어요. 하나님은 보아스와 룻의 후손으로 예수님을 이 땅에 보내 우리를 죄에서 구원하셨어요.

암송송(133쪽)에 맞추어 손유희를 하며 말씀을 익힌다.

"대저 여호와는 우리 재판장이시요 여호와는 우리에게 율법을 세우신 이요 여호와는 우리의 왕이시니 그가 우리를 구원하실 것임이라"(사 33:22).

tip 전체 구절 암송이 어려운 경우에는 표시 부분을 발췌해 외워도 좋다.

가스펠
소그룹

말씀 놀이

이삭을 붙여 주세요!

준비물 ▶ 유치부 교재 24쪽, 45쪽 '이삭' 스티커

이야기 나누기

- 룻이 우연히 들어간 밭의 주인은 누구였나요?
- 왜 보아스는 추수하는 일꾼들에게 이삭을 조금씩 뽑아 버려두라고 말했나요?

❶ 아이들괴 밀레의 "이삭 줍기" 그림을 보며 추수가 다 끝난 후 밭에 떨어진 이삭을 줍고 있는 여인들의 모습을 그린 작품이라고 설명해 준다.

❷ 그림에 관해 다양한 질문을 던지며 이야기를 나누어 본다.

예) "그림 속 여인들은 모두 몇 명인가요?", "여인들은 무엇을 하고 있나요?", "여인들은 왜 이삭을 줍고 있을까요?" 등.

❸ 룻도 그림 속 여인들처럼 추수가 끝난 밭에서 이삭을 주워 먹을 것을 구했다고 이야기해 주고, 그림 속 여인들이 더 많은 이삭을 가져가 배불리 먹을 수 있도록 유치부 교재 45쪽 '이삭' 스티커를 떼어 붙여 주라고 한다.

> **인도자** 밀레의 "이삭 줍기" 그림은 추수가 다 끝난 후 밭에서 떨어진 이삭을 줍고 있는 여인들의 모습을 그린 작품이에요. 이 여인들은 농사조차 짓지 못할 만큼 가난해서 추수가 끝난 다른 사람의 밭에 남아 있는 이삭을 줍고 있는 거예요. 룻도 가난해서 이삭을 주우러 다녔어요. **하나님은 룻에게 보아스를 보내 주셨어요.** 룻이 이삭을 주운 땅의 주인인 보아스는 룻이 주워 갈 수 있도록 일꾼들에게 밭에 이삭을 충분히 남기라고 했어요. 보아스는 룻과 나오미를 돕기 원했어요. 하나님은 우리에게도 보아스와 같은 예수님을 보내 주셔서 우리를 도와주셨답니다.

이사를 해요 ＊

준비물 ▶ 상자, 박스 테이프, 장난감

❶ 아이들에게 이사를 해야 하니 장난감들을 상자 안에 넣고 박스 테이프로 봉해서 '이삿짐'을 싸라고 한다.

❷ '이삿짐'을 들거나 밀어서 예배실 반대편으로 옮긴 후 상자를 열어 '이삿짐'을 풀게 한다.

> **인도자** 아마 나오미와 그 가족은 모압으로 이사 갈 때 이삿짐 상자나 박스 테이프를 사용

하지는 않았을 거예요. 룻은 나오미와 함께 나오미의 고향인 유다 베들레헴으로 돌아왔어요. 나오미와 룻은 도움이 필요했어요. 그들에게는 더 이상 먹을 음식도 없었고, 돌보아 줄 사람도 없었거든요. **하나님은 룻에게 보아스를 보내 주셨어요.** 보아스는 룻과 나오미에게 문제가 생겼을 때 도와줄 책임이 있는 가까운 친척이었지요. 보아스는 룻과 결혼했어요. 하나님이 룻에게 가족을 주신 거예요. 예수님은 보아스처럼 우리를 도와주시는 분이에요. 예수님은 십자가에서 죽으심으로 우리의 죄를 가져가시고, 우리의 구원자가 되셨어요.

곡식을 계량해요 *

준비물 ▶ 대야, 쌀(보리, 콩), 그릇, 종이컵

❶ 대야에 쌀을 담아 둔다.

❷ 아이들에게 그릇과 종이컵을 나누어 주고 곡식을 계량해 일정량을 자신의 그릇에 담으라고 한다. 종이컵 하나의 용량은 약 200ml이고, 쌀이 약 150g 들어간다고 말해 준다.

예) "여러분이 가지고 있는 종이컵을 계량컵으로 사용해 볼 거예요. 종이컵에 하나 가득 담고 윗부분을 평평하게 깎으면 약 150g의 쌀이 담겨요. 나누어 준 그릇에 약 150g의 쌀을 계량해 담아 보세요", "이번에는 300g을 담아 보세요. 300g은 150g을 두 번 담으면 된답니다" 등.

❸ 계량이 끝났으면 대야에 쌀을 쏟은 후 양을 달리해 활동을 여러 번 반복한다.

tip 특정 곡식에 알레르기가 있는 아이가 있는지 미리 확인해 둔다.

인도자 룻은 보아스의 밭으로 가서 이삭을 주웠어요. 보아스는 룻과 나오미가 먹을 것을 남겨 두었지요. 보아스는 룻과 나오미에게 문제가 생겼을 때 도와줄 책임이 있는 가까운 친척이었어요. 보아스는 가까운 친척인 룻과 나오미를 돌보았어요. 룻과 나오미 모두 남편을 잃었기 때문이에요. 하나님은 룻에게 가족을 주셨어요. 우리의 구원자는 예수님이세요. 예수님은 십자가에서 죽으심으로 우리를 죄에서 구원하셨어요.

아기에 대한 그림 책을 보아요 *

준비물 ▶ 아기에 대한 그림책

❶ 아이들에게 아기에 대한 그림책을 보여 주고, 스스로 읽게 하거나 교사가 읽어 준다.

인도자 하나님은 룻에게 가족을 주셨어요. 룻과 보아스는 결혼해서 오벳이라는 아들을 낳았어요. 오벳은 자라서 이새를 낳았고, 이새는 우리가 정말 좋아하는 다윗왕을 낳았어요. 여러분은 베들레헴에서 태어난 '다윗의 자손'이라고 불렸던 특별한 아기가 누구이신지 알고 있나요? 맞아요, 바로 예수님이세요! 예수님은 보아스와 룻의 후손으로 태어나셨어요. 예수님은 우리의 구원자이시랍니다.

준비물 ▶ 통밀 쿠키

❶ 카운트다운 영상, 정리하기 노래 등을 활용해 활동이 끝났음을 알린다. 아이들에게 주변을 정리하게 하고, 화장실에 가거나 물티슈 등을 이용해 손을 씻을 시간을 준다.

❷ 감사 기도를 드리고 통밀 쿠키를 간식으로 나누어 준다. 아이들에게 룻이 보아스의 밭에서 이삭을 주웠다는 오늘의 성경 이야기를 떠올려 준다. 하나님은 하나님을 사랑하는 사람들을 도와주시는 분이라고 이야기해 준다. "하나님은 어떻게 하나님의 계획을 이루시나요?"라고 아이들에게 묻고, "하나님은 하나님의 계획을 위해 사람들을 사용하세요"라는 2단원 '성경의 초점'의 답을 말해 준다.

❸ 간식을 먹은 후 마무리 정리를 잘하도록 지도한다.

준비물 ▶ 유치부 교재 43쪽 메시지 카드, 소그룹 활동지, 파일

❶ 이번 주 메시지 카드로 부모님과 함께 오늘 배운 성경 이야기를 나누어 보라고 한다.

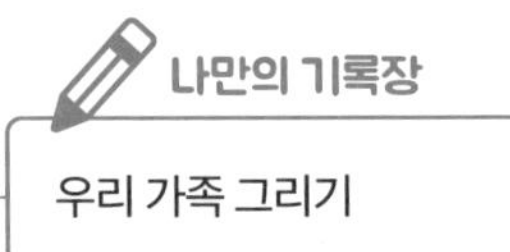

가족과 활동해요

• 용돈을 모으거나 쓰지 않는 물건들을 판매한 수익금을 노숙자 쉼터에 기부해 보세요.
• 지역 노숙자 쉼터나 미혼모 쉼터, 또는 자선단체에 직접 찾아가 봉사해 보세요.

❷ 소그룹 활동지를 떼어 파일에 끼우고 가방에 정리하게 한다.

❸ 아이들을 위해 기도한다.

> 인도자 하나님, 하나님은 언제나 하나님의 백성을 위해 길을 만들어 주시는 분이에요. 우리를 항상 도와주셔서 감사해요. 그리고 예수님을 우리의 구원자로 보내 주셔서 감사해요. 우리가 예수님의 놀라운 사랑을 친구들에게 전할 수 있게 도와주세요. 예수님의 이름으로 기도합니다. 아멘.

❹ 아이를 데리러 온 부모에게 아이가 특별히 즐거워했거나 잘했던 활동들에 대해 이야기해 주고, 가정에서 성경 읽기와 가족 활동을 진행할 수 있도록 격려한다.

✏️ **나만의 기록장**

우리 가족 그리기

11

하나님이 사무엘에게 말씀하셨어요

주제	하나님은 사무엘에게 말씀하셨어요.
예수님 생각하기	사무엘은 하나님의 말씀을 통해 사람들에게 하나님이 어떤 분이신지를 보여 주었어요. 예수님은 인간의 모습으로 이 땅에 오셨어요. 예수님은 자신의 삶을 통해 세상에 하나님이 어떤 분이신지를 보여 주셨어요.
단원 암송	사 33:22
성경의 초점	하나님은 어떻게 하나님의 계획을 이루시나요? 하나님은 하나님의 계획을 위해 사람들을 사용하세요.

한나는 사사 시대의 평범한 이스라엘 여인이었습니다. 한나는 아이를 갖기를 간절히 원했지만 하나님은 한나가 임신하지 못하게 하셨습니다(삼상 1:5). 한나는 매년 남편과 함께 실로로 가서 하나님께 예배하며 제사를 드렸습니다.

어느 날 한나는 다시 주님 앞에 나아갔습니다. 그리고 기도하고 통곡하며 만일 하나님이 아들을 주시면 그 아들을 하나님께 드리겠다고 서원했습니다. 한나가 너무 강렬하게 울면서 기도하므로 엘리 제사장은 그녀가 술에 취한 줄로 생각하고 꾸짖었습니다. 그러자 한나는 "나는 마음이 슬픈 여자라 포도주나 독주를 마신 것이 아니요 여호와 앞에 내 심정을 통한 것뿐이오니"(삼상 1:15)라고 설명했습니다. 엘리는 한나를 축복했습니다. "하나님이 네가 기도하여 구한 것을 허락하시기를 원하노라"(삼상 1:17).

하나님은 한나의 기도에 응답하셨습니다. 한나는 아들을 낳았고, 이름을 사무엘이라고 지었습니다. 사무엘은 '내가 여호와께 그를 구했다'라는 뜻입니다.

사무엘이 젖을 떼자 한나는 아이를 실로에 있는 엘리 제사장에게 데려갔습니다. 사무엘상 2장은 한나의 승리의 기도를 기록한 것입니다. 한나는 하나님께 영광을 돌리고 사무엘을 엘리 제사장에게 맡겨 그의 밑에서 하나님을 섬기게 했습니다. 사무엘은 신실하게 하나님을 섬겼습니다. 한나는 매년 사무엘을 만나러 갈 때마다 작은 겉옷을 지어다 주었습니다.

엘리에게는 제사장인 두 아들들이 있었습니다. 엘리는 그들을 제대로 다스리지 못했습니다. 그들은 행실이 악했고 하나님을 경외하지 않았습니다. 엘리는 아들들을 꾸짖었지만 그들은 듣지 않았습니다. 그래서 하나님은 엘리의 가문을 버리셨습니다.

사무엘상 3장에서 사무엘은 하나님의 부르심에 응답했습니다. "말씀하옵소서 주의 종이 듣겠나이다"(삼상 3:10). 사무엘은 이스라엘 백성에게 하나님의 말씀을 전하는 선지자가 되었습니다. 사무엘은 하나님의 선지자이자 이스라엘의 마지막 사사였습니다.

●● 티칭 포인트

아이들이 하나님의 말씀을 전하는 메신저로서의 사무엘의 역할을 이해하게 도와주십시오. 또한 사무엘을 예수님과 연결시키도록 해 주십시오. 예수님은 이 땅에 오셔서 하나님이 어떤 분이신지 전해 주시고 몸소 보여 주셨습니다.

하나님이 사무엘에게 말씀하셨어요

삼상 1~3장

에브라임 산지 지역에 엘가나라는 사람과 그의 아내 한나가 살았어요. 한나는 너무 슬펐어요. 아기를 낳지 못했기 때문이에요. 매년 엘가나는 여호와의 집에 올라가 하나님께 예배하며 제사를 드렸어요. 한나도 남편 엘가나를 따라갔지요.

한나는 울면서 음식도 먹지 않았어요. 엘가나는 한나가 슬퍼하는 모습을 보고 말했어요. "한나, 왜 그렇게 울고 있소? 내가 당신에게 10명의 아들보다 낫지 않소?" 그러나 한나는 행복하지 않았어요. 아기를 원했거든요. 한나는 하나님께 기도했어요. "하나님, 만일 제 고통을 돌보시고 저를 기억하셔서 제게 아들을 주신다면 제가 그의 평생을 여호와께 드리겠습니다."

그때 엘리 제사장은 의자에 앉아 있었어요. 한나는 오래 기도했지만 속으로 말했기 때문에 입술만 움직이고 목소리는 들리지 않았어요. 그 모습을 본 엘리 제사장은 무엇인가 잘못되었다고 생각했어요. 한나는 이렇게 설명했어요. "저는 마음이 슬픈 여자입니다. 여호와께 제 마음을 솔직히 말씀드렸을 뿐입니다." 그러자 엘리 제사장은 "평안히 가라. 하나님이 네가 구한 것을 이루어 주시기를 원하노라"라고 대답했어요.

한나와 엘가나는 집으로 돌아갔어요. 하나님은 한나의 기도를 들어주셨어요. 한나가 아들을 낳은 거예요! 한나는 아이의 이름을 사무엘이라고 지었어요. 사무엘이 자라자, 한나는 사무엘을 여호와의 집에 있는 엘리 제사장에게로 데려가서 이렇게 말했어요. "하나님이 제 기도를 들어주셨습니다! 저도 이 아이를 여호와께 드립니다." 한나는 하나님께 예배했어요. 그리고 사무엘을 엘리 제사장에게 맡기고 집으로 돌아갔지요.

매년 한나는 사무엘을 만나러 갈 때마다 새 겉옷을 지어다 주었어요. 하나님은 한나에게 더 많은 자녀를 낳게 해 주셨답니다.

엘리 제사장은 나이가 들었어요. 그에게는 제사장으로 섬기는 두 아들들이 있었어요. 엘리는 아들들이 하나님께 순종하지 않는다는 이야기를 들었어요. "너희가 어떻게 이런 짓을 할 수 있느냐? 내 아들들아, 그러면 안 된다." 엘리는 아들들을 꾸짖었지만 그들은 듣지 않았어요. 한편 사무엘은 자라면서 하나님께 순종했어요.

어느 날 밤, 사무엘은 여호와의 전 안에 누워 있었어요. 그때 누군가가 자신을 부르는 소리를 들었어요. "사무엘아, 사무엘아!" 사무엘은 엘리 제사장에게 달려가서 물었어요. "저를 부르셨어요?" 하나님은 사무엘을 세 번 부르셨고, 그때마다 사무엘은 엘리 제사장에게로 달려갔어요. 마침내 엘리 제사장은 하나님이 사무엘을 부르신 것이라는 사실을 깨달았어요. 그는 사무엘에게 어떻게 대답해야 하는지를 가르쳐 주었어요.

사무엘이 다시 자리에 눕자 하나님이 부르셨어요. "사무엘아, 사무엘아!" 이번에 사무엘은 "말씀하옵소서. 주의 종이 듣겠나이다"라고 대답했어요. 하나님은 사무엘에게 엘리 제사장의 가족의 죄로 인해 그들을 심판할 것이라고 말씀하셨어요.

다음 날 엘리 제사장은 사무엘에게 하나님의 말씀을 그대로 전하라고 했어요. 사무엘은 하나님의 말씀을 엘리 제사장에게 전하는 것이 두려웠지만 그렇게 했어요.

사무엘이 자라는 동안 하나님은 말씀하신 것을 모두 행하셨어요. 하나님이 사무엘과 함께하셨고, 이스라엘 백성은 누구나 사무엘이 하나님의 말씀을 전하는 선지자라는 것을 알게 되었어요. 하나님은 사무엘을 통해 이스라엘에 대한 하나님의 계획을 알려 주셨어요.

●● 예수님 생각하기

사무엘은 하나님의 말씀을 통해 사람들에게 하나님이 어떤 분이신지를 보여 주었어요. 예수님은 인간의 모습으로 이 땅에 오셨어요. 예수님은 자신의 삶을 통해 세상에 하나님이 어떤 분이신지를 보여 주셨어요.

가스펠 준비

싱글벙글 ⌣ 환영해요

"다스리소서"(지도자용 팩)를 튼다. "강하고 담대하라"(지도자용 팩)를 튼다. 아이들을 반갑게 맞이하며 헌금과 기도를 도와준다. 예배 중 헌금 순서가 있다면 아이들이 헌금을 잘 간수하도록 돕는다. 가방과 외투를 정리하도록 안내한다. 새로 온 아이가 있다면 음수대와 화장실의 위치를 알려 주고, 보호자와 만나는 시간과 방법 등을 소개한다. 보호자들을 위한 안내문을 붙여 아이와 만나는 시간, 기다리는 장소, 헌금 방법, 아이에 대한 특별한 주의 사항을 교사에게 미리 알려 주기 등을 공지한다.

너랑 나랑 ⌣ 마음 열기

주제와 관련 있는 퍼즐이나 블록 등 아이들이 좋아하는 장난감을 몇 가지 비치해 두고 다양한 활동을 하며 예배를 준비하도록 돕는다. 아이들이 마음을 열고 오늘의 주제에 관심을 갖게 하며 예배에 집중할 수 있도록 도와준다. 교회 형편에 맞게 시간과 활동 방법을 조절한다.

무슨 소리일까요? * 준비물 ▶ 마이크

❶ 마이크를 들고 입으로 여러 소리를 내며 아이들에게 무슨 소리인지 맞혀 보라고 한다. 중간에 맞히기 어려운 소리를 내서 난이도를 조절한다.

예) "빵빵" : 자동차 경적 소리 / "똑딱똑딱" : 시계 초침 소리 / "슝" : 비행기 엔진 소리 / "짹짹" : 참새 울음 소리 / "지글지글 보글보글" : 찌개 끓는 소리 / "슥슥" : 연필로 글씨 쓰는 소리 등.

tip 스마트폰에서 아이들에게 익숙한 소리를 들려주는 애플리케이션을 다운받아 사용해도 좋다.

❷ 정답을 아는 아이들은 손을 들라고 한다. 인도자가 한 명을 지목하면 정답을 말할 수 있다고 말해 준다.

tip 정답을 맞힌 아이에게 마이크를 주고 문제를 내게 해도 좋다.

인도자 무슨 소리인지 잘 맞혔어요! 오늘의 성경 이야기에서 사무엘은 무슨 소리를 들었어요. 바로 자신의 이름을 부르는 소리였지요. 사무엘은 엘리 제사장이 자기를 부른 것이라고 생각했지만 아니었어요. 누가 사무엘을 불렀는지 함께 알아보아요.

메시지 전달 릴레이를 해요 * 준비물 ▶ 색도화지, 가위, 꾸미기 도구(사인펜, 색연필, 스티커 등)

❶ 아이들을 팀으로 나누되 팀당 4명이 넘지 않게 한다.

❷ 2팀을 각각 한 줄로 나란히 세운 뒤, 맨 앞에 선 아이들에게 똑같은 메시지를 귀에 대고 속삭인다.

예) "하나님은 사무엘에게 말씀하셨어요", "하나님은 우리를 사랑하세요", "하나님은 우리를 위해 예수님을 보내 주셨어요" 등.

❸ 인도자가 "시작!"을 외치면 뒤로 돌아서서 친구에게 똑같은 메시지를 귀에 대고 속삭이며 전달하라고 한다. 맨 뒤에 선 아이에게까지 릴레이로 메시지를 전달하라고 한다.

❹ 맨 뒤에 선 아이에게 메시지를 전달받으면 손을 들고 앞으로 나와 발표하라고 한다. 빨리, 정확히 말한 팀이 이긴다.

❺ 다른 2팀을 대상으로 메시지 전달 릴레이를 한다. 이긴 팀끼리 겨루어 최후에 남은 2팀으로 우승을 가리는 토너먼트식으로 진행해도 좋다.

인도자 오늘의 성경 이야기에서는 이스라엘의 마지막 사사였던 사무엘에 대해 배울 거예요. 사무엘은 하나님의 말씀, 즉 하나님의 메시지를 전하는 사람이었어요. 여러분이 메시지를 전달한 것처럼 사무엘은 하나님의 메시지를 사람들에게 전했어요. 이제 사무엘에 대해 더 자세히 알아보도록 해요.

예배 대형으로 모이기

- 카운트다운 영상, 모이기 노래 등을 활용해 예배 대형으로 바꾸고 마음을 준비하게 한다.
- 공간을 이동해야 한다면 사랑하는 친구의 이름을 부르며 가도록 한다.

가스펠
설교

들어가기

여러분은 어떤 것을 갖기를 간절히 원한 적이 있나요? 오늘의 성경 이야기에서 한나라는 여인은 아기를 낳고 싶어 했어요. 얼마나 아기가 갖고 싶었던지 울면서 하나님께 기도했어요. 하나님은 한나의 마음을 아셨어요. 오늘의 성경 이야기에는 하나님이 한나의 기도를 들어주신 이야기가 나온답니다. 귀 기울여 들어 보세요.

성경 이야기

사무엘상 1~3장을 편다. 설교 영상(지도자용 팩)을 보여 주거나 이야기 성경을 들려준다.

하나님은 성경에 하나님의 말씀을 담아 우리에게 주셨어요. 성경은 진리예요. 성경 속의 이야기는 모두 실제로 일어난 일이에요. 성경만큼 특별한 책은 없답니다.

메시지와 정리

한나는 아들을 낳기 원했어요. 한나가 간절히 기도하자 하나님은 한나의 기도를 들으셨고, 한나에게 아들을 주셨어요. 바로 사무엘이에요. 하나님은 사무엘에게 특별한 일을 맡기셨어요. **하나님은 사무엘에게 말씀하셨고**, 하나님이 하실 일을 알려 주셨지요. 하나님은 사무엘을 선택해 하나님의 말씀을 이스라엘 백성에게 전하게 하셨어요. 예수님은 인간의 모습으로 이 땅에 오셨어요. 예수님은 자신의 삶을 통해 세상에 하나님이 어떤 분이신지를 보여 주셨어요.

연대표(지도자용 팩)를 가리키면서 복습 질문을 한다.

1. 한나는 왜 슬퍼했나요? 아기를 낳지 못해서
2. 한나는 하나님이 아들을 주시면 어떻게 하겠다고 약속했나요? 아이의 평생을 여호와께
   드리겠다고 약속했다
3. 누가 사무엘을 부르셨나요? 하나님
4. 사무엘은 하나님께 무엇이라고 대답했나요? 말씀하옵소서. 주의 종이 듣겠나이다

넷 — 성경의 초점

2단원의 '성경의 초점'을 함께 말해 볼까요? **"하나님은 어떻게 하나님의 계획을 이루시나요?"**, **"하나님은 하나님의 계획을 위해 사람들을 사용하세요."** 모두 잘했어요! 하나님은 사무엘을 하나님의 메시지, 즉 하나님의 말씀을 전하는 사람으로 부르셨어요. **하나님은 사무엘에게 말씀하셨어요.** 사무엘은 하나님의 말씀을 통해 사람들에게 하나님이 어떤 분이신지를 보여 주었어요.

다섯 — 복음 초청

성경과 65쪽 복음 초청 가이드를 이용해서 아이들에게 그리스도인이 되는 법을 설명해 준다. 따로 상담해 줄 사람을 정해 주고 궁금한 점이 있으면 물어보도록 격려한다.

이 시간 예수님을 믿고 마음에 모시고 싶은 친구는 함께 기도해요.

여섯 — 기도

하나님, 예수님을 보내 우리를 구원해 주시고 하나님을 알게 해 주셔서 감사해요. 우리가 점점 자라면서 하나님과 사람들에게 더욱 사랑을 받은 사무엘과 같이 하나님의 사람으로 성장하게 도와주세요. 예수님의 이름으로 기도합니다. 아멘.

일곱 — 암송송

성경에서 이사야 33장 22절을 펴고 큰 소리로 여러 번 따라 읽게 한다.

하나님과 같은 분은 없어요. 하나님은 모든 것을 다스리세요. 하나님은 우리의 재판장이시고, 율법을 세우신 분이며, 우리의 왕이세요. 모든 것은 하나님이 계획하신 대로 이루어져요. 하나님만이 우리를 구원하시는 분이고, 우리의 찬양을 받으실 수 있어요.

암송송(133쪽)에 맞추어 손유희를 하며 말씀을 익힌다.

"대저 여호와는 우리 재판장이시요 여호와는 우리에게 율법을 세우신 이요 여호와는 우리의 왕이시니 그가 우리를 구원하실 것임이라"(사 33:22).

tip 전체 구절 암송이 어려운 경우에는 표시 부분을 발췌해 외워도 좋다.

알콩달콩 말씀 놀이

네! 부르셨어요?

준비물 ▶ 유치부 교재 26쪽, 35쪽 '사무엘' 인형, 37쪽 '침대' 그림, 풀

이야기 나누기

- 사무엘을 부르신 분은 누구이신가요?
- 사무엘은 자라서 어떤 사람이 되었나요?
- 하나님은 어떻게 하나님의 계획을 이루시
  나요?

❶ 하나님이 부르셨을 때 사무엘은 무엇이라고 대답했는지 물어본다. 하나님이 "사무엘아, 사무엘아!" 하고 부르셨을 때 사무엘은 자리에서 일어나 "말씀하옵소서. 주의 종이 듣겠나이다"라고 대답했다고 말해 준다.

❷ 유치부 교재 35쪽 '사무엘' 인형과 37쪽 '침대' 그림을 이용해 역할 놀이를 하며 하나님과 사무엘이 대화하는 상황을 꾸며 보라고 한다.

❸ 활동 방법은 다음과 같다.

1. 유치부 교재 37쪽 '침대' 그림을 떼어 내어 접는 선대로 접어 완성한 후 '풀칠'에 풀을 발라 사무엘의 방에 붙이도록 한다.

2. 유치부 교재 35쪽 '사무엘' 인형을 떼어 사무엘이 이불 속에 누웠다가 하나님의 부르심을 듣고 일어나는 상황을 꾸며 보라고 한다. 친구와 '하나님'과 '사무엘'의 역할을 나누어 맡아 역할 놀이를 해 보아도 좋다.

하나님: 사무엘아, 사무엘아!

사무엘: 말씀하옵소서. 주의 종이 듣겠나이다.

인도자 사무엘이 여호와의 전 안에 누워 있을 때 하나님은 사무엘을 부르셨어요. 사무엘은 "말씀하옵소서. 주의 종이 듣겠나이다"라고 대답했지요. 하나님은 사무엘에게 엘리 제사장에게 전할 메시지를 말씀해 주셨어요. **하나님은 사무엘에게 말씀하셨어요.** 사무엘은 하나님의 메시지를 전하는 사람이었어요. 사무엘은 하나님의 말씀을 통해 사람들에게 하나님이 어떤 분이신지를 보여 주었어요. 예수님은 인간의 모습으로 이 땅에 오셨어요. 예수님은 자신의 삶을 통해 세상에 하나님이 어떤 분이신지를 보여 주셨어요. 우리도 사람들에게 하나님의 진리를 전하면서 세상에 하나님이 어떤 분이신지를 보여 줄 수 있어요.

누가 불렀을까요? * 준비물 ▶ 눈가리개

❶ 아이들을 서로 마주 보고 둥글게 앉힌다.

❷ 한 아이를 술래로 정해 원 가운데 앉힌 후 눈가리개를 해 준다.

❸ 인도자가 나머지 아이들 중 한 명에게 손짓을 할 텐데, 손짓 사인을 받은 아이는 술래의 이름을 불러야 하고, 술래는 눈가리개를 벗고 누가 자신의 이름을 불렀는지 맞혀야 한다는 게임의 규칙을 설명해 준다.

❹ 술래가 자신의 이름을 부른 아이를 알아맞힌 경우 그 아이를 다음 술래로 정해 게임을 반복한다. 알아맞히지 못한 경우에는 자원하는 아이를 술래로 정한다. 모든 아이가 술래가 될 때까지 게임을 계속한다.

> **인도자** 사무엘은 엘리 제사장이 자신을 불렀다고 생각했지만, 사무엘을 부르신 분은 바로 하나님이셨어요. 엘리 제사장은 사무엘에게 해야 할 말을 알려 주었어요. **하나님은 사무엘에게 말씀하셨어요.** 사무엘은 하나님의 말씀을 통해 사람들에게 하나님이 어떤 분이신지를 보여 주었어요. 예수님은 인간의 모습으로 이 땅에 오셨어요. 예수님은 자신의 삶을 통해 세상에 하나님이 어떤 분이신지를 보여 주셨어요.

전도 카드를 만들어요 * 준비물 ▶ 줄이 없는 카드, 카드 봉투, 꾸미기 도구(색연필, 사인펜, 스티커 등)

❶ 아이들에게 줄이 없는 카드를 하나씩 나누어 준다.

❷ 예수님을 전하고 싶은 친구나 이웃에게 들려주고 싶은 이야기를 그림이나 글로 표현해 보라고 한다.

❸ 카드를 카드 봉투에 넣어 아이들 편에 집으로 보내 이번 주 중에 전도 대상자에게 전달할 수 있도록 지도한다.

> **인도자** **하나님은 사무엘에게 말씀하셨어요.** 사무엘은 하나님의 말씀을 통해 사람들에게 하나님이 어떤 분이신지를 보여 주었어요. 예수님은 인간의 모습으로 이 땅에 오셨어요. 예수님은 자신의 삶을 통해 세상에 하나님이 어떤 분이신지를 보여 주셨어요. 우리도 하나님의 메시지를 전할 수 있어요. 친구나 이웃에게 예수님이 누구이신지를 전할 수 있어요. 하나님이 우리가 카드에 그림이나 글로 표현한 메시지를 사용해 달라고 기도하세요. 예수님이 우리를 죄에서 구원하셨다는 사실을 사람들이 알게 해 달라고 함께 기도해요.

감정을 표현해요 * 준비물 ▶ 137쪽 '감정 카드'(또는 지도자용 팩), 가위

❶ 137쪽 '감정 카드'(또는 지도자용 팩)를 자른 후 아이들에게 한 장, 한 장 보여 주며 "언제 슬픈/화난/무서운/행복한 감정을 느꼈나요?"라고 물어보고 이야기를 나눈다.

❷ 인도자가 한 장의 카드를 보여 주면서 "카드 속 아이의 슬픈/화난/무서운/행복한 감정을 따라 표현해 보세요"라고 말하고 활동한다.

❸ 카드를 섞은 후 또다시 한 장의 카드를 보여 주면서 "여러분은 슬픈/화난/무서운/행복한 감정을 느낄 때 어떤 표정을 짓나요? 다 함께 지어 보아요"라고 말하고 활동한다.

❹ 마지막으로, "여러분은 하나님께 기도할 때 어떤 감정을 느끼고, 어떤 표정을 짓나요? 다 함께 지어 보아요"라고 말하고 활동한다.

인도자 한나는 아기를 낳지 못해서 슬펐고, 하나님께 자신이 느끼는 슬픈 감정을 말씀드렸어요. 슬픈 표정 카드를 보여 준다. 하나님은 그런 한나의 기도를 들어주셨어요. 한나는 사무엘을 낳고 매우 기뻐서 하나님을 찬양했어요. 행복한 표정 카드를 보여 준다. 사무엘은 이스라엘 백성에게 하나님의 말씀을 전한 마지막 사사가 되었어요. **하나님은 사무엘에게 말씀하셨어요.** 사무엘은 하나님의 말씀을 통해 사람들에게 하나님이 어떤 분이신지를 보여 주었어요. 예수님은 인간의 모습으로 이 땅에 오셨어요. 예수님은 자신의 삶을 통해 세상에 하나님이 어떤 분이신지를 보여 주셨어요.

나는 누구일까요? *

준비물 ▶ 139쪽 2단원 '성경 이야기 그림'(또는 지도자용 팩)

❶ 아이들에게 139쪽 6~11과 '성경 이야기 그림'(또는 지도자용 팩)을 보여 주면서 사사기를 짧게 복습한다.

❷ 여러 성경 인물들에 대한 퀴즈를 낸다. 각각의 인물을 설명한 후 "나는 누구일까요?"라고 물어본다.

예) • "나는 옷 아래에 칼을 숨기고 그 칼로 모압 왕을 죽게 했어요. 나는 뒤에서 문을 닫아 잠그고 도망갔어요. 나는 누구일까요?" 에훗

• "나는 바락과 함께 전쟁하러 갔어요. 나는 전쟁에서 이긴 뒤 바락과 함께 하나님을 찬양했어요. 나는 누구일까요?" 드보라

• "하나님은 손으로 물을 떠서 먹은 자들인 300명만 군대에 남기셨어요. 그리고 나와 그 적은 숫자의 군대로 미디안을 이기게 하셨어요. 나는 누구일까요?" 기드온

• "하나님은 나에게 큰 힘을 주셨어요. 하나님은 나를 사용하셔서 이스라엘을 블레셋에게서 자유롭게 하셨어요. 나는 누구일까요?" 삼손

• "나는 나오미에게 '어머니의 백성이 저의 백성이 되고, 어머니의 하나님이 저의 하나님이 되실 것입니다'라고 말했어요. 나는 누구일까요?" 룻

• "하나님은 내가 어려서 여호와의 집에서 엘리 제사장과 함께 지내고 있을 때 내 이름을 부르며 나에게 말씀하셨어요. 나는 누구일까요?" 사무엘

인도자 하나님은 여러 사사들을 사용해 이스라엘 백성을 도우셨어요. **하나님은 어떻게 하나님의 계획을 이루시나요? 하나님은 하나님의 계획을 위해 사람들을 사용하세요.**

간식

준비물 ▶ 쌀과자, 요구르트, 접시

❶ 카운트다운 영상, 정리하기 노래 등을 활용해 활동이 끝났음을 알린다. 아이들에게 주변을 정리하게 하고, 화장실에 가거나 물티슈 등을 이용해 손을 씻을 시간을 준다.

❷ 감사 기도를 드리고 쌀과자와 요구르트를 간식으로 준비해 둔다. 아이들에게 머리를 숙인 채 자는 척하게 하고, 인도자가 아이들의 이름을 차례로 부르면 "네! 부르셨어요?"라고 대답하며 간식을 받으라고 한다. 아이들에게 하나님은 사무엘에게 말씀하셨고, 사무엘은 사람들에게 하나님이 어떤 분이신지를 전했다고 다시 한 번 말해 준다.

❸ 간식을 먹은 후 마무리 정리를 잘하도록 지도한다.

마무리

준비물 ▶ 유치부 교재 43쪽 메시지 카드, 27쪽 키 재기 연대표, 소그룹 활동지, 파일

❶ 이번 주 메시지 카드로 부모님과 함께 오늘 배운 성경 이야기를 나누어 보라고 한다.

가족과 활동해요

- 성경에 담긴 하나님의 말씀을 꾸준히 읽을 수 있도록 계획을 세워 보세요.
- 자녀가 없는 이웃과 입양을 기다리고 있는 아이들을 위해 기도하세요.

❷ 소그룹 활동지를 떼어 파일에 끼우고 가방에 정리하게 한다.

❸ 유치부 교재 27쪽의 '키 재기 연대표'를 함께 살펴보며 각 과의 성경 이야기를 회상하게 한다.

❹ 아이들을 위해 기도한다.

> 인도자 하나님, 사무엘은 사람들에게 하나님이 어떤 분이신지를 보여 주었어요. 그리고 예수님은 세상에 하나님이 어떤 분이신지를 보여 주셨지요. 우리를 위해 예수님을 인간의 모습으로 이 땅에 보내 주셔서 감사해요. 우리를 죄에서 구원해 주셔서 정말 감사해요. 하나님의 말씀을 잘 듣고 언제나 순종하는 우리가 되게 해 주세요. 예수님의 이름으로 기도합니다. 아멘.

❺ 아이를 데리러 온 부모에게 아이가 특별히 즐거워했거나 잘했던 활동들에 대해 이야기해 주고, 가정에서 성경 읽기와 가족 활동을 진행할 수 있도록 격려한다. 가정에서 '키 재기 연대표'를 떼어 만들어 방에 붙여두고 볼 수 있도록 안내한다.

여호수아 1:9

원곡 : 옹달샘(오스트리아 민요)

작곡 : 루이스 퀼러
편곡 : 김효정

보통으로

이사야 33:22

원곡 : 나는 숲속의 음악가(독일 민요)

작곡 : 미상
편곡 : 김효정

보통으로

유아 예배는 어떻게 드리는 것이 좋을까요?

교회의 형편과 철학에 따라 유아 예배는 다양하게 운영되고 있습니다. 유아 예배와 성경 공부 운영 방식에 따른 효과적인 운영 방안을 소개합니다.

1. 유아 예배

성인 예배와 비슷하지만 아이들의 독특한 필요와 특성에 맞추어 예배를 드리는 형태입니다. 아이들은 이러한 경험을 통해 예배가 무엇인지, 그리고 예배에서 성도들이 어떻게 행동하는지를 배웁니다. 찬양, 성경 이야기, 활동을 통해 아이들은 배우고, 경험하고, 더욱 잘 이해하게 됩니다. 가능하면 아이들의 연령대별로 반을 나누어 예배를 통해 모든 아이의 필요를 충족시켜 주는 것이 좋습니다.

몇 가지 제안

- 시청각 자료를 활용하고, 아이들의 감각을 사용할 수 있는 활동을 선택합니다.
- 다양한 활동과 적절한 변화로 아이들의 흥미를 일깨우는 것이 좋습니다. 그러나 아이들이 예배의 흐름을 익숙하게 느끼고 다음 활동을 예측할 수 있도록 기본적인 틀을 정해 두는 것이 유익합니다.

- 교사들이 아이들과 관계를 형성하게 하는 것이 중요합니다. 특히 담임을 맡은 교사는 결석하지 않도록 주의해야 합니다.
- 아이들이 자신이 할 수 있는 방법으로 하나님을 예배하게 합니다.

2. 어른과 함께 드리는 예배

아이들이 성인 예배의 구성원으로서 함께 예배드릴 수 있습니다. 이 경우, 아이들은 가족과 함께 예배의 모든 부분에 참여합니다. 아이들은 부모님과 다른 어른들이 기도하고, 찬양하고, 설교를 듣는 모습을 보며 배울 수 있습니다. 부모는 아이들의 영적 인도자가 되어 하나님께 어떻게 예배하는지에 대해 가르칠 기회를 얻게 됩니다. 아이들은 큰 교회 공동체의 한 부분이 되어 자신들이 교회에 속한 일원임을 이해하게 됩니다. 또한 교회 예배의 새로운 개념들을 배우기도 합니다(세례, 성찬식 등).

몇 가지 제안

- 부모 교육을 실시하거나 자료를 준비합니다. 부모가 예배를 위해 아이들을 준비시키는 일과 예배 중에 어떻게 지도해야 하는지에 대한 지침을 정합니다.

- 아이들이 예배에 참여하기 전에 먼저 예배 장소에 대해 설명해 주고 예배가 어떻게 진행되는지에 대해 알려 줍니다.
- 아이들이 예배를 드리러 오면 웃으면서 환영해 줍니다.
- 아이들이 어떻게 예배에 참여해야 할지 시범을 보입니다(서서 예배하기, 찬양하기, 설교 듣기 등).
- 아이들이 돌아다니거나, 물건을 떨어뜨리거나, 예배 중에 말을 하는 등 작은 실수를 하더라도 너그럽게 넘깁니다.
- 예배 인도자들은 아이들에게 익숙한 찬양이나 설교 본문을 정하고 쉬운 용어로 설명할 수 있습니다.
- 아이들이 예배 중에 내용을 받아 적을 수 있는 종이를 나누어 줍니다.

3. 소규모의 유아 모임

교역자나 교사가 부족하거나 유아 인원이 적은 경우 예배가 아닌 탁아 형태로 유아들을 돌보기도 합니다. 이런 경우에는 대부분 한 명의 인도자와 소수의 보조 교사가 함께 프로그램을 운영하게 됩니다. 이때 부모나 성도들에게 적절한 도움을 요청해 유아 예배와 성경 연계 활동을 수행할 수 있습니다. 인도자가 자주 바뀌는 상황이라면 성경 이야기와 활동이 같은 흐름으로 이어지도록 긴밀하게 소통해야 합니다. 새로운 인도자가 아이들을 가르치더라도 앞서 배운 성경 개념을 반영한 활동이 이루어진다면 아이들은 다양한 방법으로 성경을 배우고 경험하게 될 것입니다.

몇 가지 제안

- 간단한 형태로 유아 예배를 진행합니다.
- 유아 예배 시간을 성인 예배 시간의 앞뒤에 적절히 배치해 교사를 확보합니다.
- 교사가 사용할 교육 자료를 미리 준비하고 교육 목표를 공유합니다.
- 매주 도와주는 이들에게 전화하거나 문자 메시지를 보내 일정을 확인합니다.
- 모든 인도자가 모여 공통된 문제(예배실 세팅, 준비물, 지도 방법 등)를 놓고 이야기할 수 있는 기회를 마련합니다.
- 교사에게 훈련의 기회를 제공합니다.
- 도와주는 이들에게 간단한 방법(감사 카드, 작은 선물, 예배 때 감사하다고 이야기하기 등)으로 감사를 표합니다.
- 도움을 주었던 이들이 지속적으로 부서에서 사역을 이어 갈 수 있도록 적극 권합니다.

교회에서 어떤 방법을 선택하든 아이들이 자신이 예배를 드린 경험을 소그룹 성경 공부 시간에 나눌 수 있도록 격려해 주십시오. 아이들의 질문에 답해 주고, 아이들이 교회에서 하나님을 예배하는 것을 배워 갈 수 있도록 도와주시기 바랍니다.

1권	2권	3권	4권	5권	6권
위대한 시작	**하나님의 구출 계획**	**약속의 땅**	**왕국의 성립**	**선지자와 왕**	**돌아온 하나님의 백성**
창	출, 레, 신	민, 수, 삿, 룻, 삼상	삼상, 삼하, 왕상, 욥, 전, 시, 잠	왕상, 왕하, 대하, 사, 렘, 겔, 호, 욘, 욜	단, 에, 느, 말
1단원 창조의 하나님	**1단원** 구출하시는 하나님	**1단원** 구원의 하나님	**1단원** 왕이신 하나님	**1단원** 계시하시는 하나님	**1단원** 보호하시는 하나님
1. 하나님이 세상을 창조하셨어요 2. 하나님이 사람을 창조하셨어요 3. 죄가 세상에 들어왔어요 4. 가인과 아벨이 제물을 드렸어요 5. 하나님이 노아와 가족을 구해 주셨어요 6. 바벨탑을 쌓던 사람들이 흩어졌어요	1. 모세를 부르셨어요 2. 이스라엘 백성은 재앙을 피했어요 3. 홍해를 건넜어요 4. 광야에서 시험을 치렀어요 5. 금송아지를 만들었어요	1. 약속의 땅을 정탐했어요 2. 놋뱀을 바라보았어요 3. 하나님이 여리고성을 주셨어요 4. 죄 때문에 아이성 전투에서 졌어요 5. 여호수아가 당부했어요	1. 이스라엘이 왕을 달라고 했어요 2. 하나님이 사울을 버리셨어요 3. 다윗이 골리앗과 맞섰어요 4. 다윗과 요나단이 친구가 되었어요 5. 하나님이 다윗과 언약을 맺으셨어요 6. 다윗이 하나님께 죄를 지었어요	1. 엘리야가 악한 아합을 꾸짖었어요 2. 엘리야가 이세벨을 피해 도망쳤어요 3. 하나님이 나아만을 고쳐 주셨어요 4. 하나님이 이사야를 부르셨어요 5. 이사야가 메시아에 대해 외쳤어요 6. 히스기야는 남 유다의 신실한 왕이었어요	1. 다니엘과 친구들이 하나님께 순종했어요 2. 사드락, 메삭, 아벳느고를 구하셨어요 3. 다니엘을 구하셨어요 4. 하나님의 백성을 고향으로 데려오셨어요 5. 성전을 다시 지었어요
2단원 언약을 맺으시는 하나님	**2단원** 거룩하신 하나님	**2단원** 다스리시는 하나님	**2단원** 지혜의 하나님	**2단원** 포기하지 않으시는 하나님	**2단원** 공급하시는 하나님
7. 하나님이 아브라함과 언약을 맺으셨어요 8. 하나님이 아브라함을 시험하셨어요 9. 하나님이 다시 약속하셨어요	6. 십계명 "하나님을 사랑하라" 7. 십계명 "이웃을 사랑하라" 8. 성막을 지었어요 9. 하나님이 제사의 규칙을 정해 주셨어요 10. 오직 하나님만 예배해요 11. 하나님의 언약을 기억해요	6. 사사들이 이스라엘 백성을 이끌었어요 7. 드보라와 바락이 노래했어요 8. 겁쟁이 기드온이 용사가 되었어요 9. 삼손에게 다시 힘을 주셨어요 10. 룻과 나오미를 보살펴 주셨어요 11. 하나님이 사무엘에게 말씀하셨어요	7. 솔로몬이 지혜를 구했어요 8. 지혜는 하나님께로부터 와요 9. 솔로몬이 성전을 지었어요 10. 이스라엘이 둘로 나뉘었어요	7. 하나님이 호세아를 통해 북 이스라엘에 사랑을 전하셨어요 8. 하나님이 요나를 통해 니느웨에 사랑을 전하셨어요 9. 하나님이 요엘을 통해 남 유다에 사랑을 전하셨어요	6. 에스더를 왕비로 세우셨어요 7. 에스더를 통해 하나님의 백성을 구하셨어요 8. 느헤미야가 예루살렘의 소식을 들었어요 9. 예루살렘 성벽을 다시 세웠어요 10. 에스라가 하나님의 율법을 읽었어요 11. 말라기가 하나님의 말씀을 전했어요
3단원 언약을 지키시는 하나님	※ 성탄과 부활		**3단원** 주권자이신 하나님	**3단원** 새롭게 하시는 하나님	
10. 야곱이 복을 가로챘어요 11. 하나님이 야곱에게 새 이름을 주셨어요 12. 요셉이 이집트로 팔려 갔어요 13. 요셉의 꿈이 이루어졌어요	**성탄절** 1. 왕을 기다려요 2. 천사가 마리아와 요셉에게 나타났어요 3. 예수님이 태어나셨어요 4. 동방 박사들이 왕께 경배했어요 **부활절** 5. 예수님이 예루살렘에 들어가셨어요 6. 예수님이 부활하셨어요		11. 솔로몬이 산다는 것에 대해 생각했어요 12. 욥이 고난을 받았어요 13. 하나님을 찬양해요	10. 하나님이 예레미야를 부르셨어요 11. 예레미야가 새 언약에 대해 예언했어요 12. 남 유다 백성이 포로로 잡혀갔어요 13. 에스겔이 앞날의 소망을 이야기했어요	

구약 3 성경의 초점과 주제

1단원 **구원의 하나님**

Q 우리가 믿어야 할 분은 누구이신가요?

A 우리는 하나님을 믿어요.

1. 여호수아와 갈렙은 하나님을 믿었어요.
2. 하나님은 이스라엘 백성이 놋뱀을 바라보면 살 것이라고 말씀하셨어요.
3. 하나님은 이스라엘 백성을 약속의 땅으로 인도하셨어요.
4. 하나님은 아간의 죄를 벌하셨어요.
5. 여호수아는 이스라엘 백성에게 하나님만 섬기라고 말했어요.

2단원 **다스리시는 하나님**

Q 하나님은 어떻게 하나님의 계획을 이루시나요?

A 하나님은 하나님의 계획을 위해 사람들을 사용하세요.

6. 이스라엘 백성은 오직 한 분, 진짜 하나님을 잊어버렸어요.
7. 하나님은 사사들을 보내 이스라엘 백성을 도우셨어요.
8. 하나님은 기드온에게 승리를 주셨어요.
9. 하나님은 삼손에게 힘을 주셨어요.
10. 하나님은 룻에게 보아스를 보내 주셨어요.
11. 하나님은 사무엘에게 말씀하셨어요.

화난 표정
행복한 표정
슬픈 표정
무서운 표정